W0194434

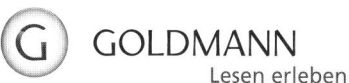

GOLDMANN
Lesen erleben

Buch

»Meine Herren, ich bitte Sie!
Wenn Sie in den besten Jahren, also so zwischen 40 und 50, oder schon drüber sind:
Lassen Sie sich nicht hängen. Das Leben geht weiter. Auch für alte Säcke. Ich habe
da einiges an Methoden gegen die Versackung ausprobiert. Lesen Sie selbst und
legen Sie los!« Kester Schlenz

Auch wer die Jugendjahre im engeren Sinn schon hinter sich hat: bloß nicht auf-
geben! Kester Schlenz, Mit-Sack und Leidensgenosse, hat ausprobiert, wie man sich
der vorzeitigen Versackung entgegenstemmen kann. Sport, Meditation, Wellness,
Kosmetik, Aktivurlaube, Benimmkurse, Hausmänner-Seminare. Nichts war tabu.
Lesen Sie seine schonungslosen Erfahrungsberichte, und Sie werden feststellen:
Da geht noch was!"

Autor

Kester Schlenz, geboren 1958, ist Autor der Bestseller »Alter Sack, was nun?« sowie
»Leg los, alter Sack!«. Daneben schrieb er zahlreiche erfolgreiche Vater- und Kin-
derbücher. Er studierte Sprachwissenschaften und Psychologie und ist Redakteur
beim *Stern*. Schlenz ist verheiratet und hat zwei Söhne.
www.kester-schlenz.de

Illustrator

Til Mette, erfolgreicher Cartoonist, Gewinner des deutschen Karikaturpreises 2009,
arbeitet seit 1995 wöchentlich exklusiv für den *Stern*. Er wurde mit dem »Deutschen
Cartoonpreis 2013« ausgezeichnet.

Von Kester Schlenz außerdem im Programm
Alter Sack, was nun? (📕 auch als E-Book erhältlich)
Leg los, alter Sack! (HC, 📕 auch als E-Book erhältlich)
Kalender für Alte Säcke
Guter Sex wär auch nicht schlecht (📕 auch als E-Book erhältlich)
Mensch, Papa!
Bleib locker, Papa!
Gute Nacht, Papa!
Bekenntnisse eines Säuglings (📕 auch als E-Book erhältlich)
Papas Schwangerschaftskalender

Kester Schlenz

LEG LOS, ALTER SACK!

Da geht noch was, Männer

Mit Illustrationen von Til Mette

GOLDMANN

Verlagsgruppe Random House FSC® N001967
Das für dieses Buch verwendete FSC®-zertifizierte
Papier *Profibulk* von Sappi liefert IGEPA.

Dieses Buch ist auch als E-Book erhältlich.

1. Auflage
Vollständige Taschenbuchausgabe Juni 2014
Wilhelm Goldmann Verlag, München,
in der Verlagsgruppe Random House GmbH
© 2011 Wilhelm Goldmann Verlag, München,
in der Verlagsgruppe Random House GmbH
Umschlaggestaltung: Uno Werbeagentur, München
unter Verwendung einer Illustration von Til Mette
Layoutentwurf: Anja Laukemper
Satz: Barbara Rabus, Buch-Werkstatt GmbH, Bad Aibling
Druck und Bindung: Těšínská tiskárna, a.s., Český Těšín
KW · Herstellung: IH
Printed in the Czech Republic
ISBN 978-3-442-17455-3
www.goldmann-verlag.de

Inhalt

Sack-Optimierung für den Partner

Einleitung

ich darf Sie doch so nennen, oder? Denn eines ist doch klar: Das Älterwerden lässt sich nur mit Humor und einer gehörigen Portion Selbstironie ertragen. Das war in kurzen Worten auch die Botschaft meines Buches »Alter Sack, was nun? – Das Überlebensbuch für Männer«. Zu meiner großen Freude wurde es ein Bestseller. Offenbar ging es vielen Herren wie mir: so um die 50, noch ganz gut dabei, aber irgendwie am Greinen und Jammern, dass das Beste ja nun vorbei sei und man sich wie ein alter Sack fühlt. Nee, muss man nicht, sollte man nicht. Okay, morgens im Spiegel beim Rasieren blickt einen diese faltige Hackfresse mit den Ringen um die Augen an. Der Zahn der Zeit, er nagt. Kann man nicht leugnen. Aber noch isses nicht vorbei, Männer. Meine Kernaussage im »Alten Sack« lautet: Wir sind zwar nicht mehr jung, aber wir können es immer noch krachen lassen, wenn auch im Schongang. Und in diesem Buch will ich sagen, wie. »Leg los, alter Sack!« soll nun zeigen, wie man sich der allmählichen Versackung entgegenstemmen kann. Ich habe es selber ausprobiert.

Im Rahmen meiner langjährigen journalistischen Arbeit und bei den knallharten (zum Teil verdeckten) Recherchen für dieses Buch habe ich so einiges in Sachen Sack-Optimierung ausprobiert.

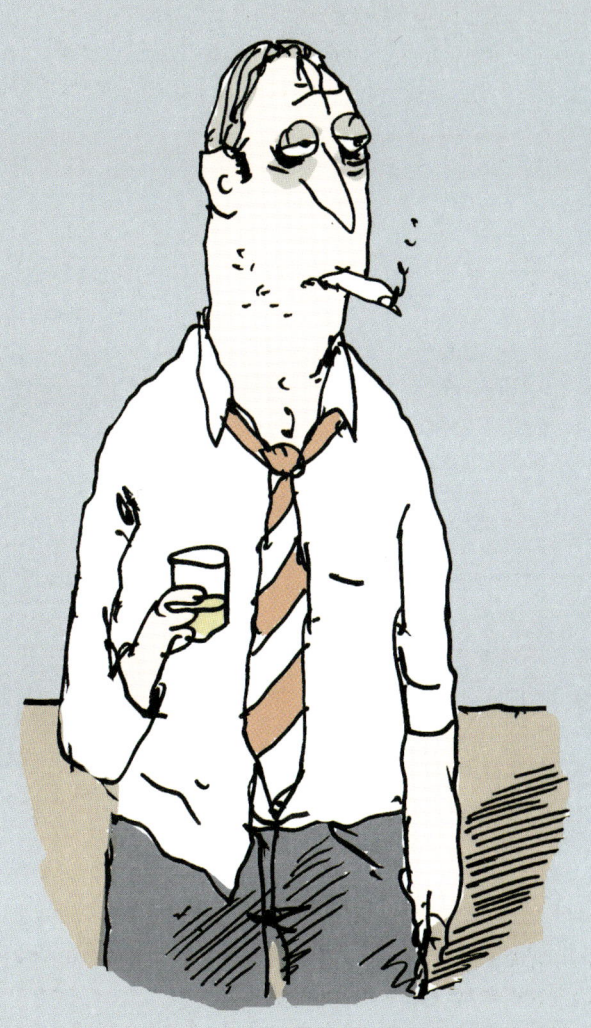

Sport- und Fitnessprogramme, Aktivurlaube mit Bärenbegegnungen, Beautyanwendungen, einen Kettensägekurs, Männerkosmetik, einen Hausmänner- und einen Benimmkurs, Meditation, Kampfsport und Krafttraining. Und stets fragte ich mich: Ist das was für alte Säcke? Bringt uns das weiter?

Ich behandle weiterhin die Tabuthemen »Wie beschenke ich Frauen richtig?« und »Wie mache ich ordentlich Smalltalk?«, und einmal bin ich sogar ein Weihnachtsmann sowie ein Christbaum-Öko-Gärtner gewesen.

Und in einem Gastkapitel erzählt mein guter Freund, der Schriftsteller Jan Jepsen, warum Segeln der ideale Sport für Männer in den besten Jahren ist, und beschimpft mich schamlos, dass ich zu feige und bequem zum Segeln sei. Das stimmt so nicht, also nicht ganz. Es gibt gute Gründe, aber was soll's? Ich habe das nicht zensiert. Da bin ich locker. Jeder soll seine Meinung sagen dürfen. Man muss auch Kritik einstecken können. Ich bitte Sie aber, dieses Kapitel eines von zahllosen Seereisen verwirrten, von Skorbut gezeichneten, faselnden Zausels mit der nötigen Vorsicht und Distanz zu lesen.

Herzlich, Ihr

ALTER SACK

Kester Schlenz

Bewegen
Dranbleiben
Fitwerden

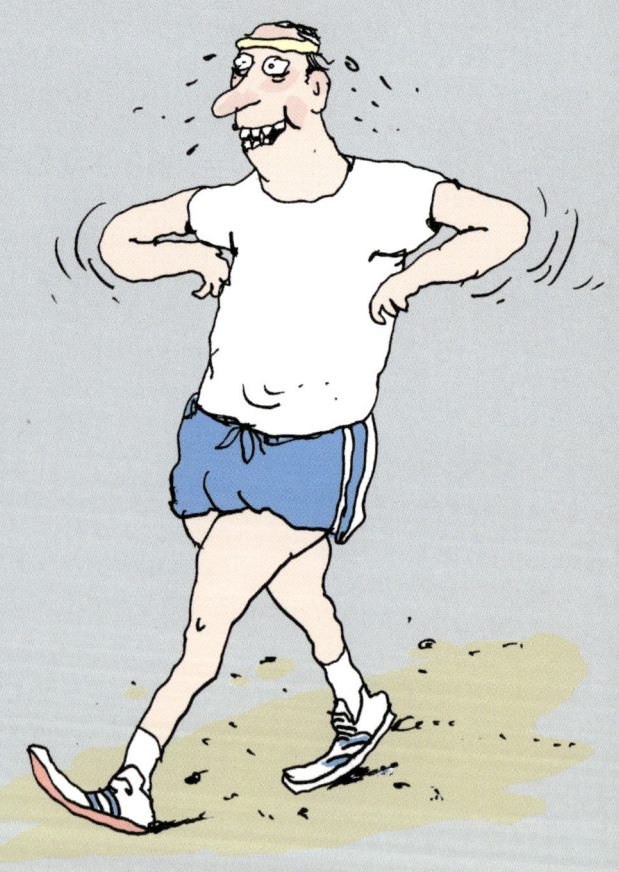

Penisparaden und Badekappen-Schabracken

MEINE ERLEBNISSE IM SCHWIMMBAD

Eigentlich hasse ich Schwimmbäder. Wie das dort schon riecht; diese Mischung aus Chlor, Frittenduft und menschlichen Ausdünstungen. Alles ist nass und feucht und warm. Und dann dieser Lärm, diese entnervende Kakofonie aus Schreien, Prusten, Platschen und Gurgeln. Jugendliche machen Arschbomben. Es spritzt! Und überall um einen herum fleischige Menschen in zu knappen Badesachen. Man sieht mehr in Sachen Körper, als man möchte. Gute Güte, sind viele Deutsche tätowiert, und das oft auch noch schlecht.

Dennoch möchte ich in diesem Kapitel das Schwimmen lobpreisen und Ihnen sehr heftig ans Herz legen, denn es ist der perfekte Alter-Sack-Sport. Definitiv!

Man muss sich daran gewöhnen, also an die Umstände, unter denen man diesen sehr nützlichen und wirksamen Sport auszuüben hat. Denn wer von uns hat schon zu Hause einen Pool? Nein, man muss leider öffentliche Schwimmhallen, Erlebnis- oder Freibäder auf-

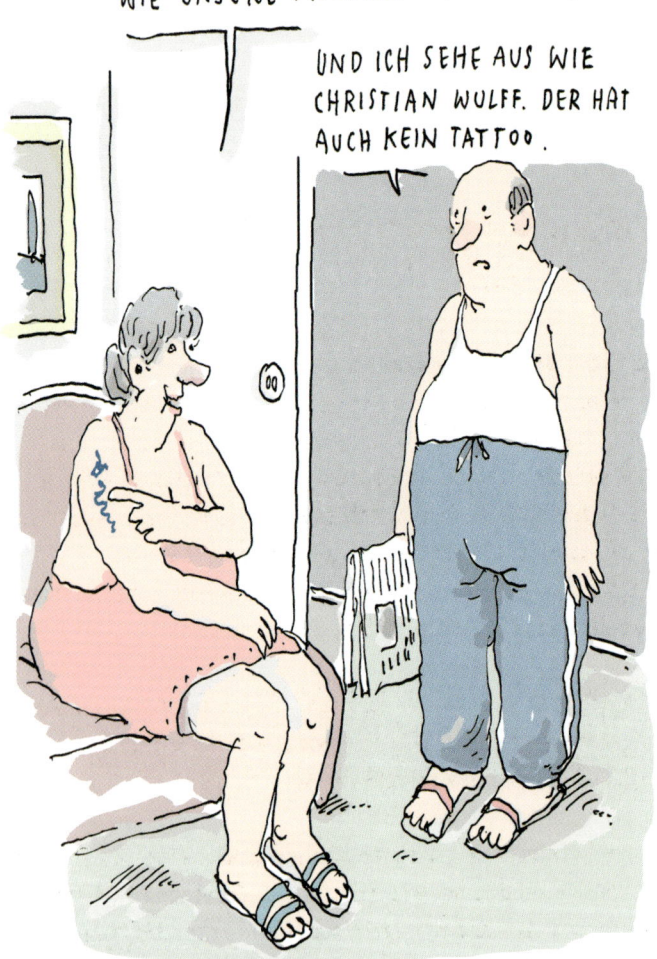

suchen. Und obwohl ich dies alles abgrundtief hasse, bin ich für mich – und für Sie, der Sie womöglich noch nicht regelmäßig schwimmen –, bin ich dahin gegangen, wo es wehtut. Ich härtete mich ab – um schließlich wie ein etwas bräsiger Barsch in aller Ruhe beinahe profihaft meine Bahnen zu schwimmen. Und das kam so:

Bis ich 16 Jahre alt war, konnte ich nicht schwimmen. Dann lernte ich es leidlich in der Schule, blieb aber ein wasserscheuer Sack. Vor allem mochte ich es nicht, meine Birne unter Wasser zu halten. Dieses doofe Gefühl in der Nase, die gereizten Augen – nee, nix für mich. Dieser Zustand hielt bis zu meinem 52. Lebensjahr an. Wenn andere schwammen, planschte ich oder paddelte hundegleich zehn Meter, bis ich mich irgendwo erschöpft festklammerte. Meine Frau und meine Söhne – alles gute Schwimmer – verspotteten mich milde.

Ich, der respektierte Gatte und Vater, wurde in Schwimmbädern behandelt wie Opi in der Rehagruppe.

Das tat weh, aber die Wasserscheu war stärker. Dann kam ein Bandscheibenvorfall im Nacken, eine Operation, viel Krankengymnastik und die immer wiederkehrende Aufforderung, in Rücken- und Schulterbereich »Muskeln aufzubauen«, am besten durch regelmäßiges Schwimmen. Ich erklärte allen Therapeuten, dass Schwimmen bei mir hektisches Zappeln mit überstrecktem Hals sei, um bloß nicht mit der Rübe unter Wasser zu geraten. Daraufhin riet mir natürlich jeder der orthopädisch Gebildeten vom Schwimmen ab. Das sei ja nun wirklich kontraproduktiv. Aber ich hatte es weiter im Nacken, war oft verspannt und steif, wo ich es nicht sein wollte. Muckibuden waren keine Alternative (siehe das entsprechende Kapitel über

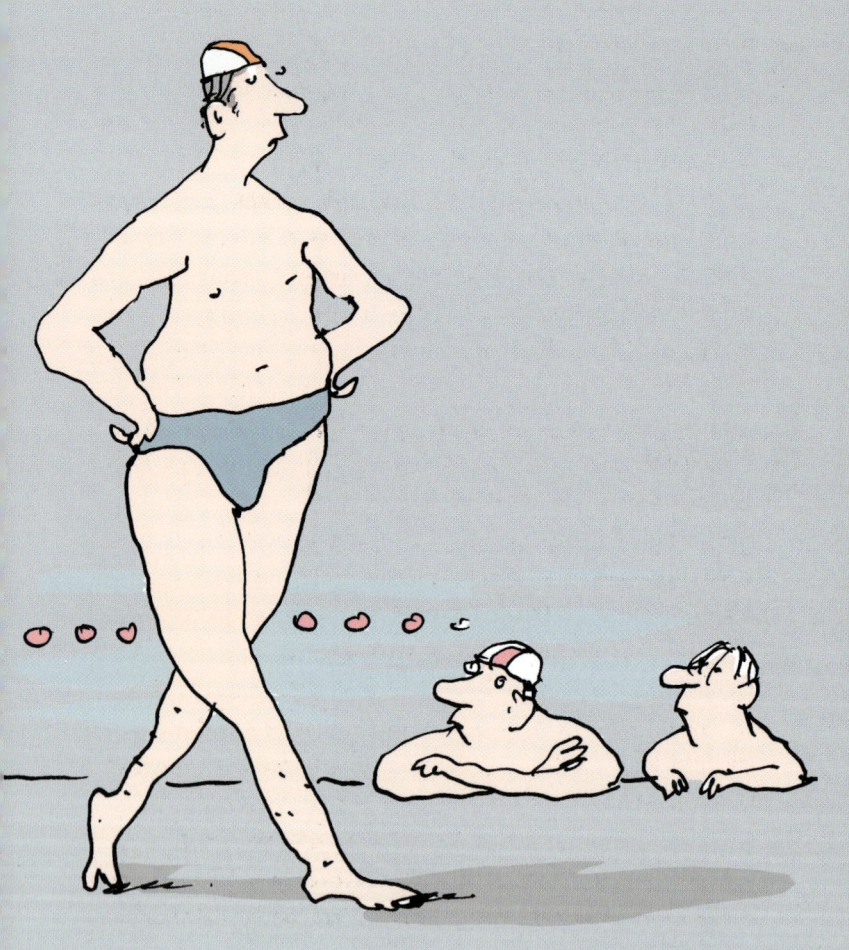

meine Odyssee in Sachen Krafttraining), und so haderte ich mit mir und dem fehlenden Muskelaufbau. Tja, und dann, als wieder einmal ein massiger Masseur schwärmte, wie verdammt klasse die Schwimmerei nacken- und rückentechnisch sei, und ich zu Hause davon erzählte, sagte meine Frau: »Verdammt, ich bring es dir bei, das richtige Schwimmen! Gleich heute.« Und widerwillig, aber irgendwie tief drinnen doch motiviert, ging ich mit meiner Gattin Gesa in ein Freizeitbad. Ich traf all das an, was ich oben beschrieb. Hatte ich schon erwähnt, dass ich dieses ganze Aus- und Angeziehe und die engen Garderobenschränke und die von anderen Gästen eingenässten Schlüsselbänder *auch* eklig finde? Egal. Gesa war eine perfekte Lehrerin. Wir ignorierten das Treiben um uns herum, suchten uns eine etwas ruhigere Ecke und begannen mit dem Unterricht: Schwimmbrille auf, Kopf unter Wasser, ausatmen, Kopf wieder hoch, einatmen – und vor allem ruhig bleiben und nicht zappeln wie ein Molch. Es hat etwas gedauert, aber nach ein paar Übungseinheiten schwamm ich – in meinen Augen – schon so stark wie einst Mark Spitz bei der Olympiade. Gesa meinte dazu nur, ich könne mich ja jetzt immerhin schon selbstständig über Wasser halten. Und das sei ein echter Fortschritt.

Kurz überlegten wir, ob ich mich einer Gruppe Vorschulkinder anschließen solle, die in der Nähe gerade für ihr »Seepferdchen« trainierten. Ich war echt scharf auf das Abzeichen, aber wir machten dann doch lieber allein weiter.

Und es funktionierte. Eisenhart ging ich jede Woche an zwei Tagen vor oder nach der Arbeit schwimmen, und nach zwei Monaten zog ich 20 Bahnen durch, als ob ich nie etwas anderes gemacht hätte.

Aus einem wasserscheuen Sack war ein veritabler Bahnenschwimmer geworden. Und ich will Ihnen, liebe Mitsäcke, dringend ans Herz legen, es mir nachzutun. Mediziner, Physiotherapeuten, Psychotherapeuten – alle empfehlen Schwimmen.

Man fühlt sich wirklich besser, wird fitter und nicht fetter und kommt mit einem echt guten Gefühl nach Hause, wenn man eine halbe Stunde richtig krass durchs Becken gepflügt ist.

Allerdings – und hier schließe ich an meine obigen Ausführungen an – muss man halt einige Dinge um einen herum ausblenden. Aber – hey – irgendeinen Haken gibt's ja immer.

Also: Ignorieren Sie das gelegentliche Gedrängel und die Pimmelparaden in der Herrendusche. Das Gepruste und Gegrunze, wenn sich haarige, dicke Männer einschäumen und säubern. Halten Sie es einfach mannhaft aus, wenn das Wasser aus den Duschköpfen sandstrahlartig mit mörderischem Druck Ihren Rücken rötet. Und bleiben Sie cool, wenn Sie mit schrulligen Alten das Becken teilen. Ich tue das oft, weil sehr früh morgens die Hallenbäder den Rentnern gehören. Und das ist auch gut so. Die sind fit und lassen sich nicht unterkriegen. Aber einige von ihnen nerven schon. Da ist dieser alte Knacker mit der blöden Schwimmbrille, der wie ein welker Wels stoisch seine Bahnen zieht – egal, was um ihn herum passiert. Kreuzt man seine Bahn, weil man jemand anderem ausweichen muss, rammt der alte Knacker einen und pöbelt dann auch noch rum, das sei seine Bahn und so schwer sei das doch nicht zu kapieren. Ich schwimme deshalb immer ein-, zweimal extra in seine Bahn, um die zornesrote Birne des »Bahntorpedos« im grünlichen Wasser leuchten zu sehen.

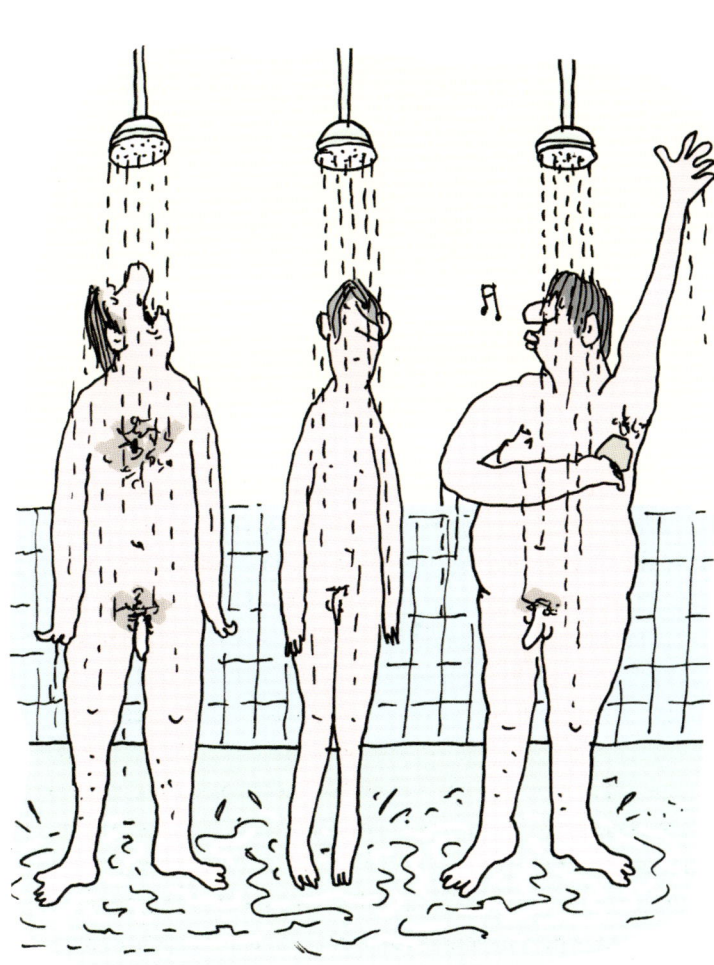

Anstrengend können auch die »Badekappen-Schabracken« sein. So habe ich eine Gruppe agiler, älterer Damen getauft, deren Vorstellung vom Schwimmen so aussieht: Sie stehen in einem Kreis im Becken, unterhalten sich und bewegen dabei die Hände im Wasser. Manchmal gehen sie auch ein paar Schritte. Alle tragen gleißend hässliche Badekappen und gucken böse, wenn man zu nahe an sie heranschwimmt. Dabei blockieren sie das halbe Becken. Aber verdammt, ich rede ja schon wie der Bahntorpedo. Eigentlich ist es ja klasse – statt zu Hause allein zu hocken, stehen die rüstigen Rentnerinnen zusammen im warmen Wasser, unterhalten sich und haben ganz offensichtlich Spaß. Schwimm ich halt in Zukunft um die Damen herum. Vielleicht lächele ich sie ja sogar mal an. Oder – besser noch – ich stell mich dazu und mach beim Wasser-Wedeln mit. Das wird 'ne Sause!

Nottoiletten und Bärenglocken

Auch im Urlaub will ich als alter Sack nicht bequem werden, sondern Action machen, mich prüfen, an die Grenzen gehen (siehe auch die Kapitel über Aktivurlaube). Dazu muss man natürlich richtig ausgerüstet sein. Oft sind es ja die kleinen Dinge, die uns das Leben in der Wildnis erleichtern.

Für den *Stern* habe ich in diesem Zusammenhang einmal verschiedene Outdoor-Accessoires getestet, die im einschlägigen Versandhandel angeboten werden. Es war eine harte Prüfung. Ich musste bei diesem Test bis an die Grenzen des guten Geschmacks, ja sogar weit darüber hinaus gehen. Lesen Sie hier, was ich beim Testen erlebte:

OUTDOOR-TOILETTENARTIKEL

Stellen Sie sich vor: Man sitzt in einem Kajak, einem Fesselballon oder auf einem Hochsitz und muss mal. Nun mag es vergnügungssüchtigen Gemütern Freude bereiten, sich etwa aus großer Höhe zu erleichtern. Den meisten dürfte Derartiges schwerfallen. Die Outdoor-Industrie weiß hier Rat: Das Angebot an Take-away-Urinalen und Kotgefäßen ist reichhaltig:

Wir haben da beispielsweise den »Urimed Uribag«, der mit einem recht ordentlichen Rohrdurchmesser die »männliche Anatomie« berücksichtigt, wie der Anbieter etwas verschämt erklärt. Der Uribag verfüge über eine »dicht verschließbare ABS-Dose mit Latex-Auffangbeutel« und einem Fassungsvermögen von »bis zu einem Liter«. ABS-*Dose*? Ich bin beeindruckt. Das kenne ich von Autos. Blockaden beim Pieseln sind also fortan kein Problem mehr. Ich simuliere draußen in unserem Garten hinter einer Hecke eine Kajakfahrt und teste den Uribag. Mein Urteil: Man kann damit umgehen.

Ein bisschen unheimlich ist mir die »Minilet-Outdoor-Toilette«. Sie ist mit einem so genannten »Stegverschluss« und einem »getrennt entsorgbaren Unisex-Stutzen aus Weichschaum« ausgestattet. Das klingt nach einem Spezialgerät von Beate Uhse. Besonders gruselig aber

ist, dass der Auffangbeutel der »Minilet« mit einem »Erstarrungsmittel« ausgestattet ist, das den »Inhalt schnell, geruchlos, sicher und sauber« verfestige. Voll futuristisch! Wie wird das Erstarrungsmittel funktionieren?, frage ich mich vor dem Selbstversuch. Werden gleich bizarre Urinskulpturen den Beutel zieren, aus denen Schamanen die Zukunft lesen können? Ich will hier nicht weiter ins Detail gehen. Ich schreibe nur noch ein Wort: Wackelpudding.

Kommen wir zur nächsten Outdoor-Nothilfe: Schon der Name lässt Großes erahnen: »Four-Seasons-Outdoor-Toilette«. Es handelt sich hier um ein Sitzklo aus Pappe (mit Deckel!), das immerhin Personen bis 100 Kilo Körpergewicht aushalte und für den Einsatz in der Wildnis gedacht ist. Man soll sich also draußen auf diesen Pappkarton setzen, statt einfach ins Unterholz zu knattern. Ich teste das »Four Seasons« an einem Herbstabend am Rande unseres ländlichen Grundstücks. Auf dem Weg draußen ist niemand. Ich hätte vielleicht auch noch auf den angrenzenden Acker schauen sollen. Dann hätte ich gesehen, dass Bauer Petersen gerade seine Zäune kontrollierte. Verdammt cool, diese Landwirte. Er hat nur freundlich genickt. Mein Fazit: Gehen Sie lieber ins Unterholz.

Man sieht auf einem Pappklo noch bescheuerter aus als in der »Schranzhocke«.

Und außerdem müssen Sie nach »Geschäftsschluss« auch noch ein … na sagen wir mal … »ausgebuchtes Four Seasons« mit sich herumschleppen.

Nicht unterschlagen werden darf an dieser Stelle, dass auch weiblichen Lesern im Kajak oder Ballon geholfen werden kann. Die »Pinki-

24

Nottoilette« mit »ovalem Trichter« und »großem, flachem Auffangbehälter« sei ideal »für die weibliche Anatomie«, verspricht der Anbieter. Dies gelte auch für die rosafarbene »Sani-fem Freshnette«, eine Art Unterleibsschale, die Frauen — ich zitiere den Katalog der Firma Globetrotter— »das Pinkeln im Stehen« ermögliche. Ich habe die beiden letzten Outdoor-Toiletten aus nachvollziehbaren Gründen nicht getestet.

DIE BÄRENGLOCKE

Kommen wir zu Dingen fernab der Verdauung: Wer beispielsweise in Kanada wandern geht, kann dort in der Wildnis leicht auf Bären treffen. Um diese nicht für jeden erstrebenswerte Begegnung zu verhindern, gibt es »Coglans Bärenglocke«. Die soll — etwa am Rucksack

befestigt – die Bären durch lautes Gebimmel schon vor dem Zusammentreffen vertreiben. Ich habe eine solche Glocke schon vor Jahren bei einem Urlaub in British Columbia ausprobiert. Es funktionierte. Wir haben – bis auf eine Ausnahme – keine Bären gesehen! Allerdings auch keine anderen Tiere. Die hören das Geläute nämlich

ebenfalls schon weit vor dem Eintreffen des Wanderers und beobachten den vorbeiziehenden, touristischen Spielmannszug kopfschüttelnd aus dem sicheren Unterholz. Wer also garantiert auf keinerlei »wildlife« im Urlaub treffen will, möge zu »Coglans Bärenglocke« greifen. Er wird gänzlich allein im Walde bleiben.

STÖPSEL GEGEN OHRENSTECHEN

Was für ein schöner Satz: »Die Bäumchen verhindern Ohrenstechen.« So preist der Globetrotterkatalog seine Ohrstöpsel gegen »das lästige Drücken und Stechen in den Ohren bei Flugreisen«.

Ich probiere die »Bäumchen« auf einer Dienstreise nach München aus, stecke sie mir – wie vorgeschrieben – eine Stunde vor der Landung in die Ohren und sehe offenbar mit den herausragenden Kunststoffröhren komisch aus. Die Stewardess kichert, als sie mir einen Kaffee bringt. Ich kann sie darüber hinaus schlecht verstehen, weil durch den Einsatz der »Travel Smart Ear Planes« auch die Hörfähigkeit um rund 20 Prozent abnimmt. Es hat beim Landen nicht gestochen. Hat es aber auf dem folgenden Rückflug ohne auch nicht.

DIE REISE-WASSERPFEIFE

Wer heutzutage noch ohne Wasserpfeife urlaubt, scheint etwas zu versäumen. Schließlich, so heißt es im Werbetext für die »Four-Seasons-Reise-Wasserpfeife«, seien »Geselligkeit und Entspannung weltweit gefragt; nicht nur zu Hause oder in arabischen Ländern«. Ich habe ein paar Kumpels von früher, die sehen das mit der Entspannung genauso. Sie bestätigen mir, dass man sich – wie der Anbieter preist – der »Magie eines klassischen Wasserpfeifenzeremoniells« nicht entziehen könne, und erklären sich bereit, die Pfeife mit mir auszuprobieren. Der obere Trichter des dosenartigen Gerätes wird mit angefeuchtetem Tabak bestückt und darauf ein glühendes Stück Kohle gelegt. Der so entstehende Rauch wird dann durch das darunterliegende Wasserreservoir »gezogen«. Ich saugte kräftig. Es war ein Erlebnis. Ich kann mich tatsächlich an einen »milden und weichen Geschmack« erinnern, bevor ich das Bewusstsein verloren habe.

WÄRMEKISSENSOHLEN

Kalte Füße sind fies. Wer jemals den Gipfel des Nanga Parbat in unzureichendem Schuhwerk bestieg, weiß, wovon ich rede. Ich war dort zwar nie, aber allein die Vorstellung!!!! Hilfe bieten in so einem Fall dicke grüne Plastikeinlagen, die einem die Mauken beheizen – die Gel-Wärmekissensohlen. Ich drücke beim Selbsttest vorschriftsmäßig auf einen kleinen Metallknopf inmitten der Sohlen und stopfe sie schnell in meine Schuhe.

Der Knopf, so heißt es, schocke »die übersättigte Salzlösung« der Einlagen und erzeuge für etwa 30 Minuten 50 bis 55 Grad Wärme. Ich schlüpfe in meine Schuhe und stelle mich in eine Wanne voller Eiswürfel. Meine Füße bleiben angenehm warm. Was man allerdings *nach* den kuscheligen 30 Minuten macht, weiß ich leider auch nicht. Gegen Kalt-Fuß-Attacken in der Wildnis sind die Wärmesohlen aber eine schöne Übergangslösung.

DAS SCHWEIZER MESSER FÜR FORTGESCHRITTENE

Jeder hat wohl schon mal eines dieser wirklich praktischen Schweizer Offiziersmesser mit den vielen ausklappbaren Utensilien in der Hand gehabt. Aber wer kennt den Rolls Royce unter den Schweizern? Die wirklich große Nummer? Wer kennt die Mutter aller Messer mit dem etwas sperrigen Namen »Champ- und Großes Survival-Set«? Ich habe es für Sie getestet. Das Ding ist zunächst einmal verdammt schwer. Man trägt es in einer Tasche am Gürtel. Ich habe fast eine Stunde gebraucht (und mir drei Fingernägel abgebrochen), um alle Dinge auszuklappen, die das fette Set bietet. Messer, Schere, Gabel, Zange, Flaschenöffner, Korkenzieher und Säge erschlossen sich mir in ihrer Funktionalität sofort. Aber braucht der Wanderer wirklich eine »Stech-Bohr-Ahle« und einen »Endhülsenpresser«? Sind Holzmeißel und Drahtschneider in der Wildnis tatsächlich unverzichtbar? Insgesamt bietet das Set 32 Funktionen. Der eisenharte Traveller kann sicherlich mit allen etwas anfangen. Ich war zum Teil etwas ratlos und hätte mich mitten in der Ausklapp-

Orgie nicht mehr gewundert, wenn plötzlich auch noch eine Sitzbadewanne, eine Dachrinne und Oliver Pocher zum Vorschein gekommen wären. Ein ehrgeiziges Werkzeug, aber für einen Laien wie mich eine Spur überfrachtet.

DER LEUCHTKULI

»Wenn man unter der Decke einen Liebesbrief schreiben will, hat man normalerweise keine Hand für die Taschenlampe frei.« Mit diesen, in meinen Augen äußerst anzüglichen Zeilen wirbt der Versender der »Four-Seasons-Leuchtkulis« für sein Produkt. Ich verstehe das nicht. Warum kann ich nicht mit der einen Hand einen Brief schreiben und mit der anderen die Taschenlampe halten? Was denken die total versexten Damen und Herren vom Globetrotter-Versand, was der Outdoor-Lover während des Schreibens mit der anderen Hand unter der Decke macht? Und wieso überhaupt Decke? Es geht doch um Urlaub in der rauen Wildnis. Schreibt der Traveller da nicht im nachtschwarzen Zelt Liebesbriefe im Schlafsack? Sei's drum. Die »Four-Seasons-Leuchtkulis« lösen in jedem Fall das Problem des Schreibens bei Dunkelheit, denn sie leuchten auf Knopfdruck am Stiftende. Wahlweise in Blau oder Rot. Ich kenne das, denn ich war mal Kinokritiker, und die Oberschlauen unter den Kollegen hatten solche Kulis, um sich schon während des Filmes wichtige Notizen wie etwa »experimentelle Kameraführung« oder »verstörende Dramaturgie« zu

machen. Ich lehne solche Leuchtkulis deshalb als prätentiös ab. Schlafen Sie lieber des Nachts in Ihrem Outdoor-Urlaub. Schreiben können Sie auch tagsüber – falls Sie eine Hand frei haben.

Are you talking to me?

ALS ICH VERSUCHTE,

KAMPFSPORT ZU ERLERNEN

Ich habe einen alten Kumpel. Nennen wir ihn aus Datenschutzgründen Tasche. Tasche ist in den 50ern wie ich und mittlerweile zur Ruhe gekommen. Aber so vor 30 Jahren ... ich kann Ihnen sagen: Da war Tasche ein ganz Wilder. Tasche ist nicht groß, aber kräftig und schnell. Zumindest früher war er das.

Und wer ihm dumm kam, kriegte eine gelangt.

Die meisten in unserer Gegend hatten Schiss vor ihm. Ich selber habe mich praktisch nie geprügelt und bin auch nie verprügelt worden. Vielleicht auch deswegen, weil ich Tasche gut kannte. Mit Tasche legte sich keiner an. Ein bisschen war es damals so wie im Wilden Westen. Tasche war ein Mythos. »Hast du schon gehört? Tasche hat in der S-Bahn drei Rocker langgemacht? Tasche soll gestern in der Disse einen Typen umgehauen haben, der doppelt so groß war. Tasche hat sich im Suff mit zehn Dänen angelegt.« So was halt. Tasche ist das alles heute ein bisschen unangenehm. Es sei ohnehin nur die Hälfte wahr von dem, was man sich so erzählt.

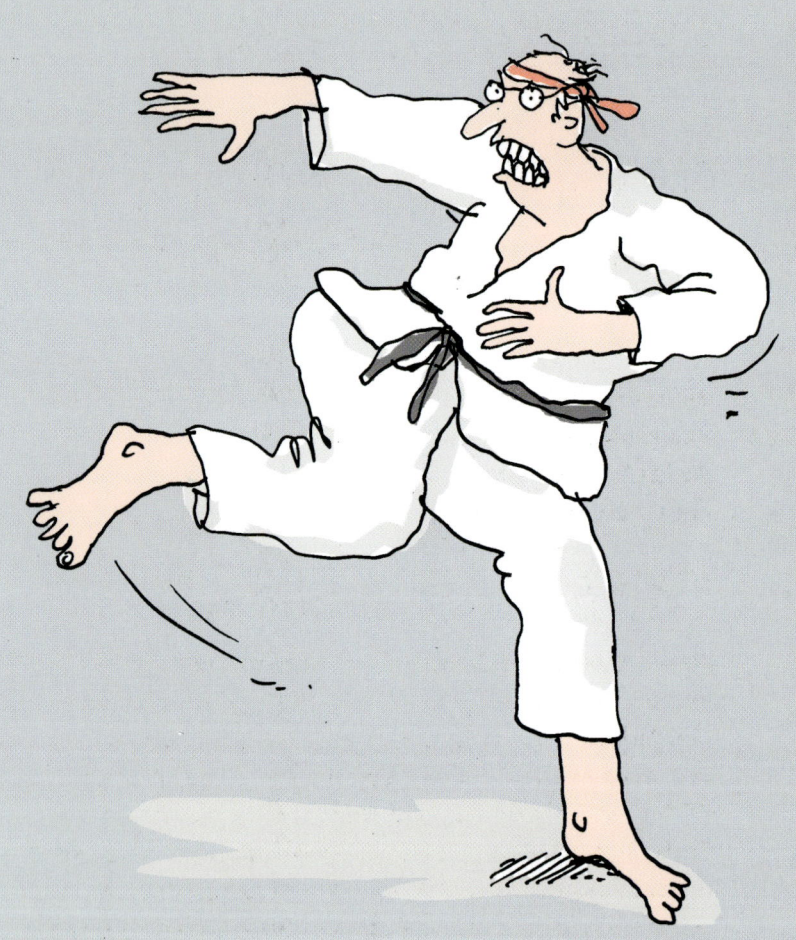

Und sein Nimbus fuße vor allem darauf, dass er die wildesten Geschichten nie dementiert, sondern stets nur vielsagend gegrinst habe. Dennoch: Tasche konnte sich verdammt gut prügeln. Ich habe das, ich muss es hier zugeben, damals immer bewundert, weil ich selber in diesem Geschäft nicht besonders gut bin. Ich habe mich nie geschlagen, hätte es aber in der einen oder anderen Situation durchaus gern mal gemacht. Vor vielen Jahren habe ich Tasche mal gefragt, wie er denn an diese Sache so rangehe, um was zu lernen. Er sah mich an, seufzte und sagte:

»Das Wichtigste, Mann, ist, dass du die Sache zügig angehst.«

»Die meisten Typen labern zu viel rum, sie brauchen erst mal ein bisschen, um sich in die richtige Stimmung zu bringen. Sie beleidigen, sie drohen, sie rempeln, sie schubsen, und wenn du dich wehrst, gibt's was auf die Augen. So wird das nichts. Vergiss die ganzen blöden Rituale. Wenn du merkst, dass es richtig Ärger geben könnte, hau dem anderen sofort ohne Vorwarnung eine rein. Und dann noch eine hinterher, zur Sicherheit. Dann kann geredet werden, falls es noch Gesprächsbedarf gibt.«

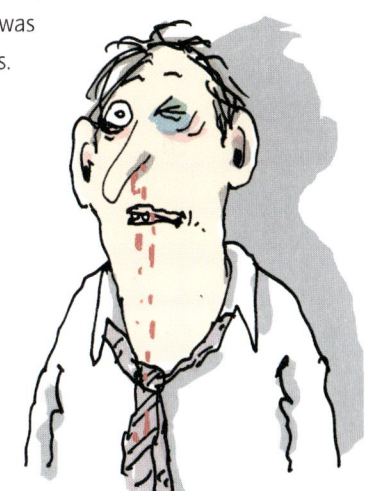

Ich schwieg. Also so ging das. Und ich wusste, das könnte ich nie. Einfach so zuhauen. Lehne ich auch irgendwie ab. Dennoch gab es immer mal wieder Situationen, wo ich gern etwas »taschiger« gewesen wäre. Egal, die körperliche Auseinandersetzung war und ist nicht mein Ding.

Ich war auch ohne Klopperei in Würde zum alten Sack herangereift, kämpfte einigermaßen erfolgreich mit Worten und sah, dass auch Tasche friedlicher wurde und Ärger zunehmend aus dem Weg ging.

Ja, meine Damen und Herren, Gewalt ist keine Lösung.

Aber dann lernte ich in einem Urlaub Thorsten kennen. Ein drahtiger Kerl. Manager. Sehr nett. Und Schwarzgurtträger in Karate. Wir verstanden uns auf Anhieb gut und joggten zusammen. Einmal im Wald machte er ein paar Trockenübungen, so genannte Katas, ritualisierte, genau festgelegte Bewegungen, die einen Kampf simulieren.

Das sah so was von klasse aus. Dynamisch, gefährlich, die pure Energie.

So was müsste man beherrschen, dachte ich. Sich verteidigen können, ohne Tasches herbe Präventivschlagmethode zu nutzen. Thorsten sagte dazu: »Es ist nie zu spät, Alter, ich bring dir mal ein paar Grundübungen bei.«

Und so fing meine kurze Odyssee in die Welt des Kampfsportes an. Thorsten lehrte mich die Grundstellung, den festen Stand mit leicht seitlicher Neigung zum Gegner, einen Arm angewinkelt in Augen-

höhe, den anderen nach hinten gestreckt mit geballter Faust. Dann ist man für alles bereit, kann nicht so leicht umgeschubst werden und schützt auch seine Weichteile. »Wenn einer so dasteht«, sagte Thorsten, »dann weißt du, dass er was drauf hat. Dann musst du auf der Hut sein.«

Er zeigte mir die ersten, einfachen Katas, Schrittfolgen, Schlagkombinationen und so weiter. Ich stellte mich nicht besonders gut an, aber nach und nach bekam ich etwas Gefühl für die Sache. Voll wie bei »Karate Kid«. Aber immer, wenn ich dachte, jetzt hätte ich schon ein bisschen was drauf, meinte Thorsten: »So, jetzt versuch mal, mich irgendwie zu schlagen, ich werde nicht zurückhauen, sondern nur abwehren.«

Ich gab alles, habe ihn aber nicht ein Mal getroffen. Er wischte einfach alle Schläge weg, als wäre ich eine lästige Mücke.

Dennoch hatte ich sozusagen Blut geleckt und meldete mich nach meinem Urlaub im nächstgelegenen Karate-Verein an.

Und, liebe Mitsäcke, ich habe das tatsächlich ein halbes Jahr durchgehalten.

Einmal die Woche das ganze Programm: Fitnesstraining, diese vertrackten Katas, erste vorsichtige Kampfübungen. Ich kaufte mir Karateboxhandschuhe, übte brav zu Hause die Schritt- und Schlagfolgen, bekam von meinen Kumpels einen Boxsack geschenkt, auf dem ich rumprügelte, und entwickelte nach und nach echt ein besseres Körpergefühl. Natürlich hatte ich in Wirklichkeit noch so gut wie nichts drauf, aber in der S-Bahn guckte ich sozusagen schon etwas »taschiger«. So nach dem Motto: »Pass auf, Alter, noch so'n Blick, und zack, dann ist die Backe dick!« Ich wurde zu einer Art Mental-Bruce-Lee. Körperlich immer noch mickrig, aber mit der Aura einer tödlichen Kampfmaschine gesegnet.

Dann kam der Bandscheibenvorfall. Oben im Nacken. Ich will Sie hier nicht mit Details meiner Krankengeschichte langweilen, es reicht zu wissen, dass sowohl mein Orthopäde als auch mein Krankengymnast von weiterem Karatetraining abrieten.
War vielleicht auch besser so. Wer weiß, wen ich noch alles umgehauen hätte?
Aber Ihnen, liebe Säcke, lege ich Karate, Judo oder Ähnliches ans Herz. Ein Kumpel von mir, er ist 53, hat gerade seinen Schwarzgurt in Karate gemacht. Und ich kann Ihnen sagen: Der ist alt, aber fit wie ein Mungo!

Bicycle Race 1

MIT DEM FAHRRADNAVI

DURCHS UNTERHOLZ

Okay, meine Herren. Wir alle haben es jetzt wohl begriffen: Man soll sich als alter Sack viel bewegen. Laufen ist gut, und natürlich Fahrrad fahren. Aber immer nur um den Block ist ja langweilig. Wir Männer müssen offroad biken. Ist doch klar. Und weil wir zudem nun auch fast alle Technikfreaks sind, habe ich mal für uns alle ausprobiert, wie es ist, wenn man mit einem Fahrradnavigationsgerät durchs Unterholz brettert.

Ich möchte Ihnen meinen Kumpel Garmin vorstellen. Garmin heißt mit vollem Namen »Garmin etrex Vista HCx« und ist angeblich ein vollwertiges Navigationsgerät.

Aber ich nenne ihn zärtlich Garmin, so wie Armin. Man muss an technische Geräte emotional rangehen.

Bekommen habe ich Garmin von meinem *Stern*-Kollegen Oliver, der einen Deppen suchte, der das in seiner Freizeit für ihn testet. Ich stellte mir das Navi so wie das in einem Auto vor. Eines, das man sich an den Lenker schraubt und das dann mit so einer tollen Frauenstimme Sachen sagt wie: »Nach 100 Metern am Froschteich halblinks und dann mitten durch die Rabatten drei Kilometer geradeaus.«

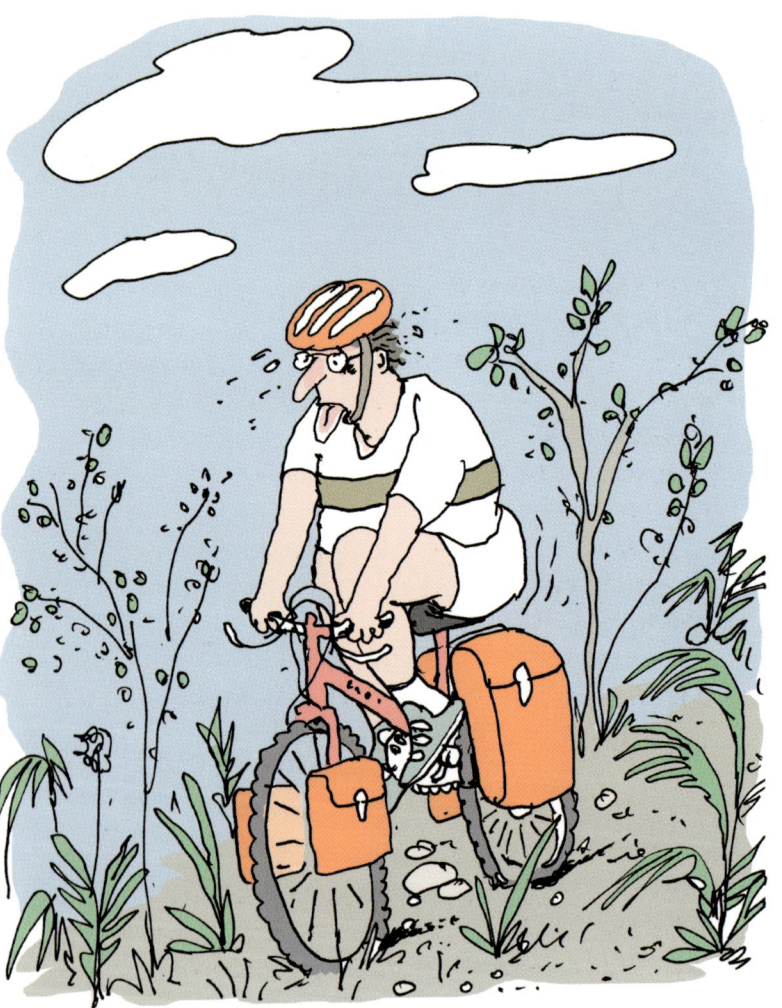

Aber Garmin war so klein wie ein Handy, hatte einen winzigen Bildschirm und *keine* Sprechstimme. Ich war enttäuscht, blieb aber gefasst.

Garmin sollte eine Chance haben. Und ich auch, denn es macht ja mehr Spaß, der Versackung mit abenteuerlichen Touren vorzubeugen, als in der City in so einem knappen Fahrraddress rumzugurken, in dem sich das Skrotum so doof abzeichnet.

Ich begann also voller Vorfreude in Garmins Gebrauchsanweisung zu lesen, die allerdings so komplett unverständlich war, dass ich nach zehn Minuten depressiv wurde. Sie wollen ein Beispiel? Bitte: »Sie können Wegpunkte zu Routen hinzufügen oder direkt zum ausgewählten Wegpunkt navigieren (mit Goto).« Bis zu dieser Stelle hatte einem aber keiner verraten, wer dieser verdammte Goto ist, mit dem man da zusammen navigieren soll.

Erst meine beiden Söhne brachten Licht ins Dunkel. Sie lasen, drückten auf Garmin herum, luden Kartenmaterial mithilfe eines Computers und einer CD-ROM drauf und erklärten mir, dass »Goto« »gehe zu« auf Englisch heißt und was mein neuer Freund noch alles konnte. Denn er ist nämlich ein Teufelskerl, der Garmin. Er hat zum Beispiel einen Kompass sowie einen Druckluft- und einen Höhenmesser. Letzteres ist nützlich. Es kommt ja doch recht oft vor, dass man auf der Straße angesprochen wird: »Entschuldigen Sie, können Sie mir sagen, wie hoch wir sind?« Garmin ist außerdem ein waschechtes

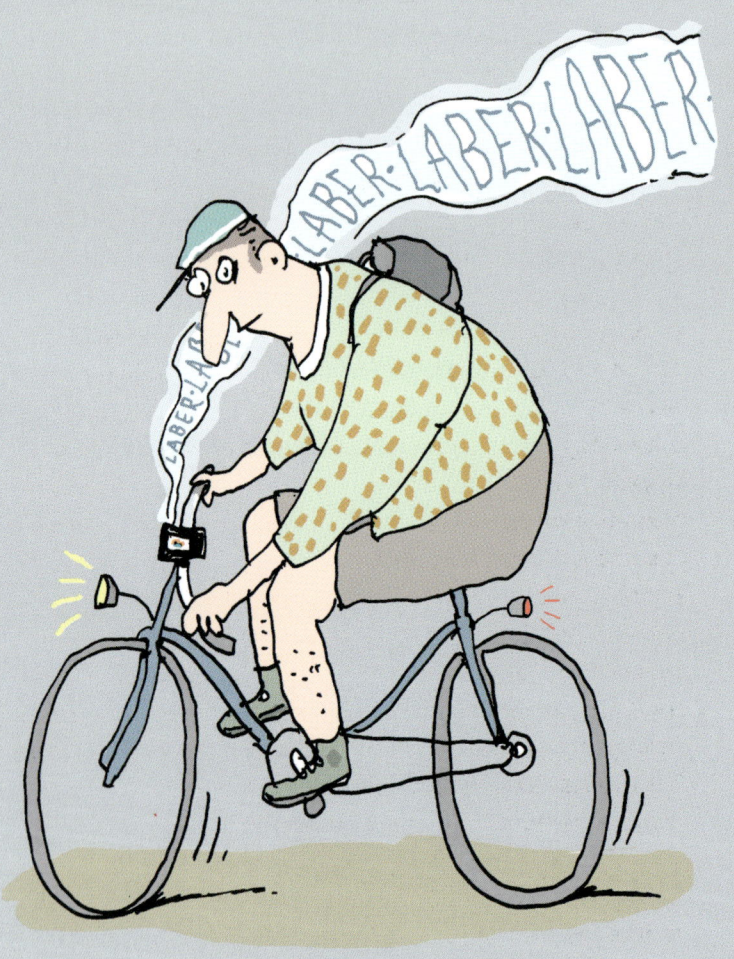

GPS-Gerät. Wenn man die entsprechenden Karten rauflädt, kann er einem immer zeigen, wo man gerade ist. Nehmen Sie unsere *Stern*-Auslandsreporter. Die sind so unter Dampf, dass sie manchmal verstört innehalten und sich fragen: »Scheiße, wo bin ich eigentlich gerade?« Garmin eingeschaltet, und nach ein paar Sekunden steht fest: »Kandahar – Taliban-Allee Ecke Bin-Laden-Avenue. Super, dass ich heute mein US-Army-T-Shirt anhabe.«

Um Garmins Eignung als Fahrradnavi zu testen, machten wir dann einen kleinen Ausflug mit der ganzen Familie. Wir wollten Oma Astrid im Krankenhaus besuchen. Garmin wurde mithilfe eines Halters an meinem Lenker befestigt, und dann gaben wir mithilfe eines kleinen Joysticks auf der Vorderseite und ein paar seitlichen Knöpfen die Strecke »Stemwarde nach Klinikum Großhandsdorf« ein.

Garmin rechnete, und – zack – sahen wir auf der Karte auf dem Display, wo wir gerade waren. Voll wie bei James Bond!

Die errechnete Route wurde mithilfe eines magentafarbenen Strichs angezeigt. Wir fuhren los. Garmin rechnete. Putzig. Rechts abgebogen, und Garmin schwenkte auf dem Display mit, zeigte Seen, Felder und Seitenstraßen ziemlich genau an. Zumindest, wenn die Sonne günstig stand. Die Anzeigen auf dem kleinen Display waren beim Fahren bei ungünstigem Licht nicht immer gut zu erkennen. Garmin führte uns dann flugs auf einen großartigen Fahrradweg, nämlich eine stillgelegte Bahntrasse, die schlaue Menschen asphaltiert hatten. Ganz easy zu radeln. Garmin aber schien das ewige Geradeausfahren zu langweilen. Denn plötzlich zeigte er »links abbiegen« an. Das hätte aber bedeutet, dass wir den schönen Fahrradweg verlas-

sen und auf eine viel befahrene Straße hätten abbiegen müssen. Das haben wir nicht gemacht. Garmin war darob anscheinend sauer, weil er immer wieder nach links wollte. Irgendwann, nahe des Ziels, hatte er sich dann wieder eingekriegt und zeigte hilfreich und ordnungsgemäß den Weg zur Klinik an.

Nun hat mir ein Schlauberger gesagt, Garmins Problem hätte womöglich darin gewurzelt, dass wir die kürzeste Route eingegeben hätten und nicht so was wie »schönste« oder »Route für alte, schlaffe Säcke«. Okay, ich habe es versucht, es aber nicht geschafft, solche Menüs zu finden. Kann sein, dass ich zu doof war, kann aber auch sein, dass Garmin zum Teil nicht so richtig easy zu bedienen ist. Das zumindest war mein Eindruck. Und sonst? Naja, Garmin ist ein hochkomplexes Gerät mit sehr gutem Satellitenempfang. Ideal für den anspruchsvollen Outdoorfreak, der offroad unterwegs ist – mit zahlreichen Funktionen. Als Fahrradnavi ist er durchaus brauchbar – aber allein dafür würde ich mir Garmin nicht kaufen. Dafür ist das Display zu klein und das Gerät dann doch etwas zu überfrachtet. Wer aber Spaß an technischen Spielereien hat oder wirklich in der Wildnis unterwegs ist, hat mit Garmin einen guten, verlässlichen Freund. Wenn er ihn nicht verärgert. Einmal nämlich standen wir vor einer dichten Hecke. Links und rechts ging es weiter. Garmin aber zeigte geradeaus. Verdammt, dachte ich, ich bin schließlich *Stern*-Reporter, und brach entschlossen durchs Unterholz. Dann zeigte Garmin plötzlich wieder nach links. Und ich meine, dass er dabei schelmisch mit dem Display gezwinkert hat.

Jogger dir einen!

Bis ich 40 Jahre alt war, habe ich praktisch keinerlei Sport getrieben, konnte aber immerhin in diesem Alter mit einer veritablen Midlifecrisis aufwarten, war am Jammern und Greinen und fühlte mich in meiner Haut nicht wohl.

Ein Freund von mir – ein Psychologe, der mich gut kennt – sah mir eines Tages, als wir beim Bier zusammensaßen und ich wieder am Stöhnen war, lange in die Augen und sagte: »Ich gebe dir jetzt ganz umsonst einen therapeutischen Tipp: Du musst dich mehr bewegen. Hast du jemals etwas vom Runners High gehört, diesem unglaublichen Glücksgefühl, das man haben kann, wenn man läuft und läuft und läuft? Dahin musst du kommen, einfach alles sausen lassen in Gedanken und nur ans Laufen denken beziehungsweise an gar nichts denken. Laufen als Meditation und körperliche Ertüchtigung. Das machst du jetzt, und ich sage dir ganz konkret, wie es geht:

Du stehst morgens auf, ziehst dir deine Turnschuhe an und läufst einmal so lange, wie du kannst, und das machst du dann zwei oder drei Wochen lang jeden Tag, immer diese Strecke bis zu dem Punkt, wo du nicht mehr konntest.

Du wirst sehen, es geht ziemlich schnell voran.«

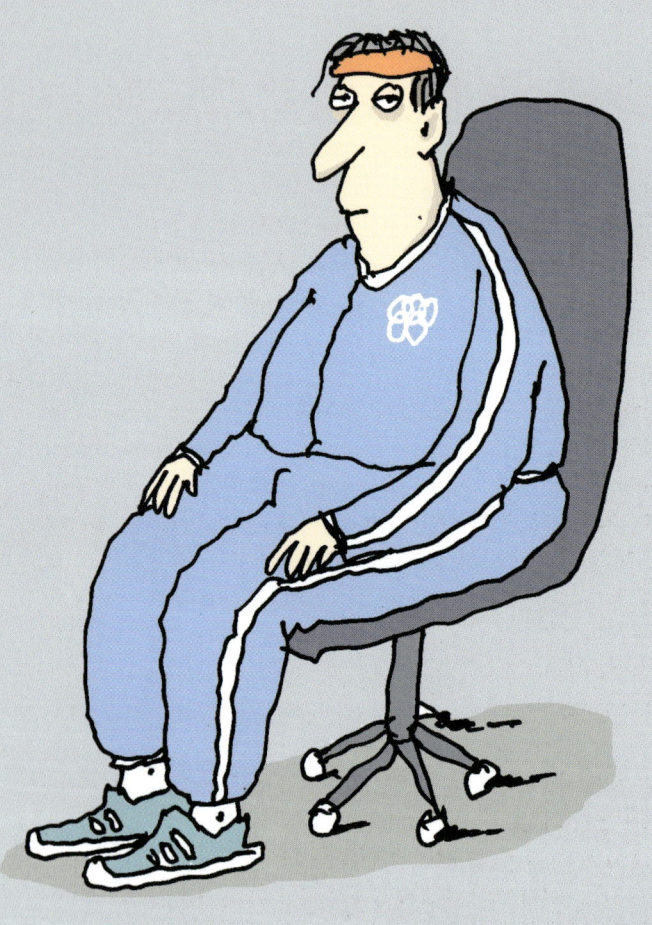

JOGGING, TAG 1.

Ich ließ diesen, wie ich fand, etwas absurden Gedanken, jeden Morgen nach dem Aufstehen loszurennen, erst einmal sacken, aber irgendwie hatte er mir diese Idee eingepflanzt.

Tja, und in unserem kurz darauffolgenden Urlaub auf Bornholm probierte ich es einfach aus. Ich kaufte mir Joggingschuhe, stand eines Morgens auf, als die anderen noch schliefen, zog Turnschuhe, Jogginghose und ein T-Shirt an, trat auf die Terrasse, setzte eine Kappe auf, damit die dänische Sonne mir nicht die Fleischmütze verbrutzelte – und rannte los. Schon nach einem Kilometer etwa wurde ich kurzatmig, aber ich machte weiter, denn die Aufgabe war ja eindeutig. Mein Psychotrainer hatte gesagt, so lange, bis ich nicht mehr konnte – und so weit war es noch längst nicht. Ich lief am Strand lang, und ich glaube, nach etwa vier Kilometern war ich total fertig, am Ende, ließ mich in den Sand fallen, japste und hechelte und stöhnte: »Dies ist der Punkt.« Ich prägte mir die Topographie des Ortes ein: ein Strandkiosk, eine Fahne, ein grüner Strandkorb, bis hierhin musste ich es schaffen, jeden Morgen. Was für eine Aufgabe! Schon am zweiten Morgen war ich mir nicht so sicher, ob es nicht reichen würde, es alle zwei Tage zu versuchen, aber meine Frau hatte von diesem Plan erfahren und ließ nicht locker.

Noch im Halbschlaf raunte sie mir zärtlich zu: »Lauf, du Sack.«

Und ich tat, wie mir geheißen, drei Wochen lang, jeden Morgen. Und was soll ich Ihnen sagen? Es war tatsächlich erstaunlich und wunderbar, wie schnell ich an Ausdauer und Kraft gewann. Schon nach vier, fünf Tagen war ich nicht annähernd mehr so fertig wie am Anfang,

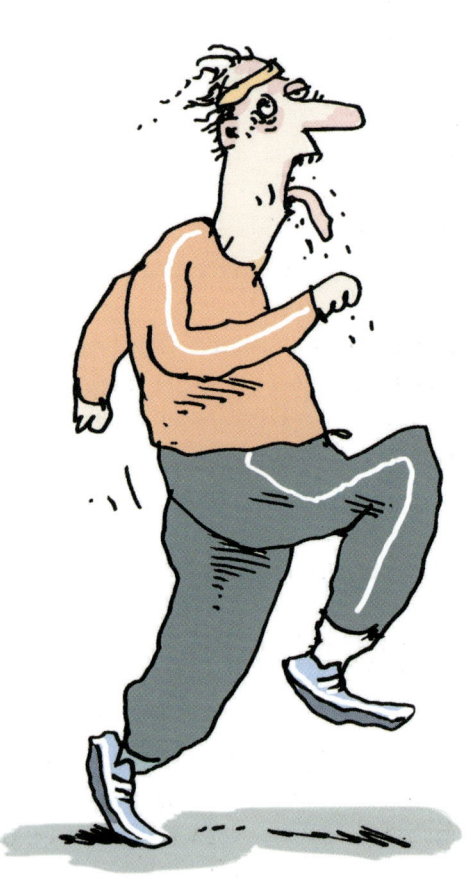

kam nicht schweißnass und japsend in unserem Ferienhaus an, sondern lediglich mit erhöhtem Herzschlag und klopfendem Puls, aber durchaus in der Lage, drei zusammenhängende Sätze zu sprechen. Mit anderen Worten: Ich wurde fitter. Und ich zog die Sache durch, jeden Tag.

Dieser Laufurlaub war die Keimzelle meiner Existenz als Läufer. Seit zwölf Jahren laufe ich jetzt regelmäßig. Am Anfang noch fünf Tage die Woche jeden Morgen. Und jetzt – weil ich finde, dass das ein ganz gutes Mittelmaß ist – dreimal die Woche morgens, jedes Mal eine halbe Stunde.

Und dazu schwimme ich zweimal die Woche. Das ist, finde ich, ein perfektes Alter-Sack-Fitnessprogramm.

Man könnte jetzt stundenlang darüber streiten, was für eine technische Ausrüstung die richtige fürs Laufen ist. Auf alle Fälle braucht man gute Joggingschuhe. Aber da gibt es etwa jedes Jahr neue wissenschaftliche bahnbrechende medizinische Erkenntnisse. Eine Zeit lang konnten die Dämpfungen gar nicht groß genug sein, und man hatte schon fast das Gefühl, dass man auf hochhackigen Pornoschuhen läuft. Jetzt ist die Dämpfung so ein bisschen out. Und dann gibt es auch noch den Barfußschuh und was weiß ich noch. Es muss jeder selber rauskriegen, was ihm da am besten bekommt. Wenn man in ein recht gutes Sportgeschäft geht, kriegt man auf jeden Fall Schuhe, die besser sind als ganz

normale Turnlatschen, mit denen man sonst früher in der Schulhalle rumhüpfte.

Grundsätzlich gilt: Ich fühle mich eigentlich jedes Mal nach dem Laufen besser, obwohl es – das muss ich schon zugeben – immer noch ein Angang ist, morgens aufzustehen und loszulegen. Man kann es ja auch anders machen und abends laufen, was für mich nicht in Frage kommt, denn abends will ich mit meiner Familie essen und Feierabend haben. Außerdem erlebt man gerade im Sommer in der Frühe die wunderbarsten Sachen.

Ich traf schon Rehe, Hirsche, Wildschweine, freilaufende, aber freundliche Hunde und einmal einen Serienkiller, den ich dann mit einem gezielten Karateschlag niederkloppte und dann der Polizei übergab.

Das Letzte stimmt natürlich nicht, aber ich habe befürchtet, dass Sie während meiner Eloge über das Laufen eventuell eingenickt sind, und wollte mal einen Aufmerksamkeitspunkt setzen.

Deshalb komme ich jetzt auch zum Schluss: Ich bin also fitter geworden. Tatsächlich haben sich über die Jahre an meinen mageren Beinen kleine, feine Muskelstränge gebildet, auf die ich sehr stolz bin. Obenrum muss ich durchs Schwimmen noch ein bisschen zulegen, aber das wird schon. Schätzungsweise mit 70 oder 80 Jahren werde ich dann wohl ein relativ kräftiger Kerl geworden sein. Solange also Knie und Pumpe mitmachen, kann

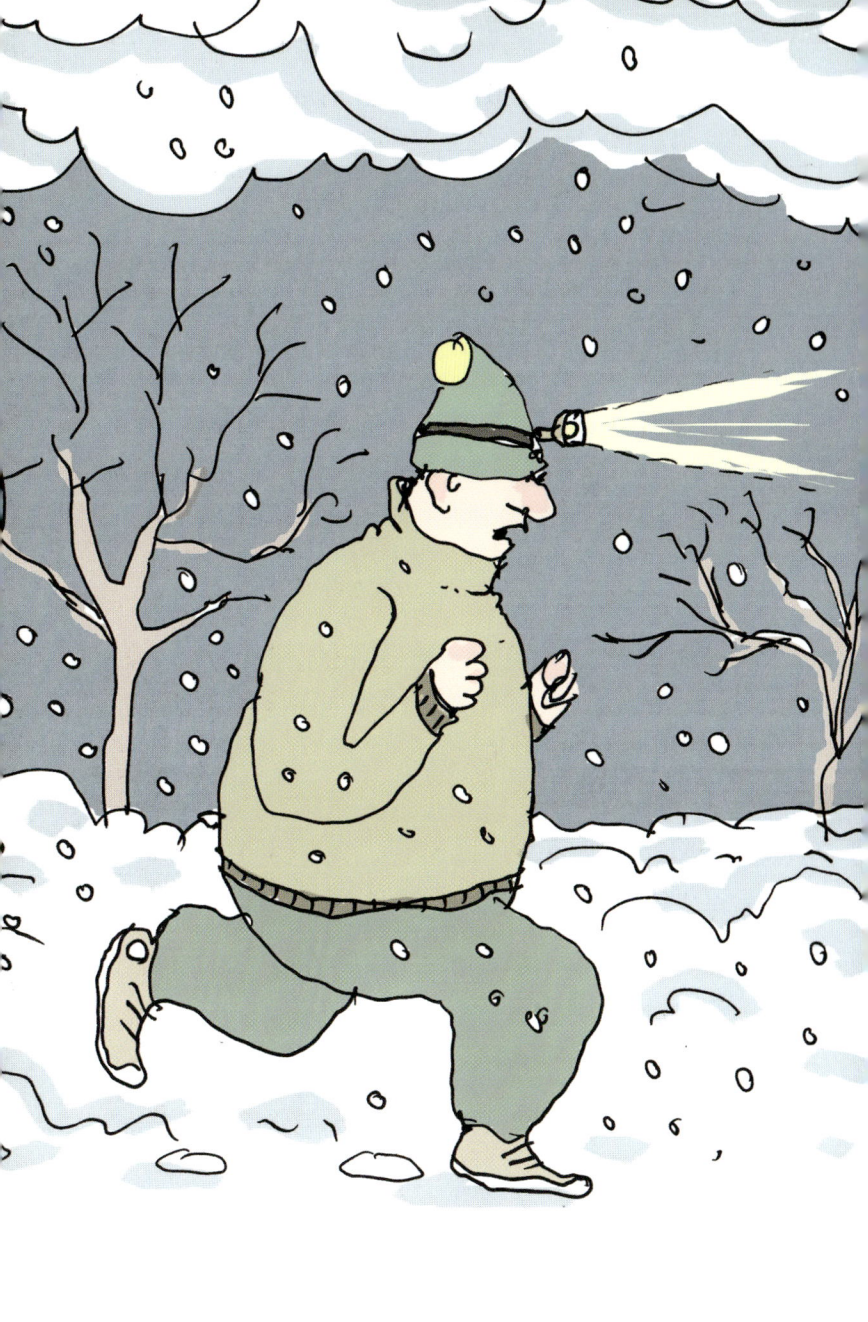

ich allen alten Säcken das Laufen nur ausdrücklich ans möglicherweise schon leicht verfettete Herz legen. Und hey, dreimal die Woche den Arsch morgens hochkriegen, das geht schon. Im Sommer macht es Spaß, im Winter ist es ein bisschen härter, aber man muss es schon das ganze Jahr über durchziehen. Ich bin schon im Winter in der kompletten Dunkelheit bei minus 20 Grad gelaufen. Das ist bei jedem Atemzug so, als ob man sich ein Eis in den Rachen schiebt, und ich bin, ich muss es zugeben, in der Dunkelheit auch schon zwei-, dreimal lang hingeschlagen. Aber watt mutt, datt mutt! Und so eine Grubenlampe obenrum, die bringt schon einiges.

Der eine oder andere findet es übrigens auch ganz großartig, in Gesellschaft zu laufen, um den inneren Schweinehund noch besser zu bekämpfen. Ich halte von Gemeinschaftslaufen nicht so viel.

Ich bin ein äußerst kommunikativer Mensch, andere nennen das Plaudertasche oder Labersack, aber es ist tatsächlich so, dass man dann zu viel quatscht beim Laufen.

Das ist möglicherweise gar nicht schädlich, aber ich habe gemerkt, dass bei mir dadurch diese meditative, kontemplative Stimmung, dies gleichförmige, angenehme Hören auf den eigenen Körper verloren geht. Deshalb laufe ich lieber alleine – und labere anschließend beim Frühstück umso mehr.

»Sackrileg«

WAS MAN ALTEN SÄCKEN

NIEMALS ANTUN DARF

Den Bauch tätscheln

»Kannst du noch?« fragen, egal in welchem Zusammenhang

Schallplatten bzw. CDs durcheinanderbringen

»Dir wachsen ja jetzt überall Haare.« sagen

Das Sportgucken mit doofen Kommentaren vermiesen (»Wer von den beiden ist jetzt noch mal Klitschko?«)

»Iss das mal lieber nicht.« sagen und dabei so blöd auf die Wampe gucken

»So was steht dir nicht mehr.« beim Shoppen von Kleidung sagen

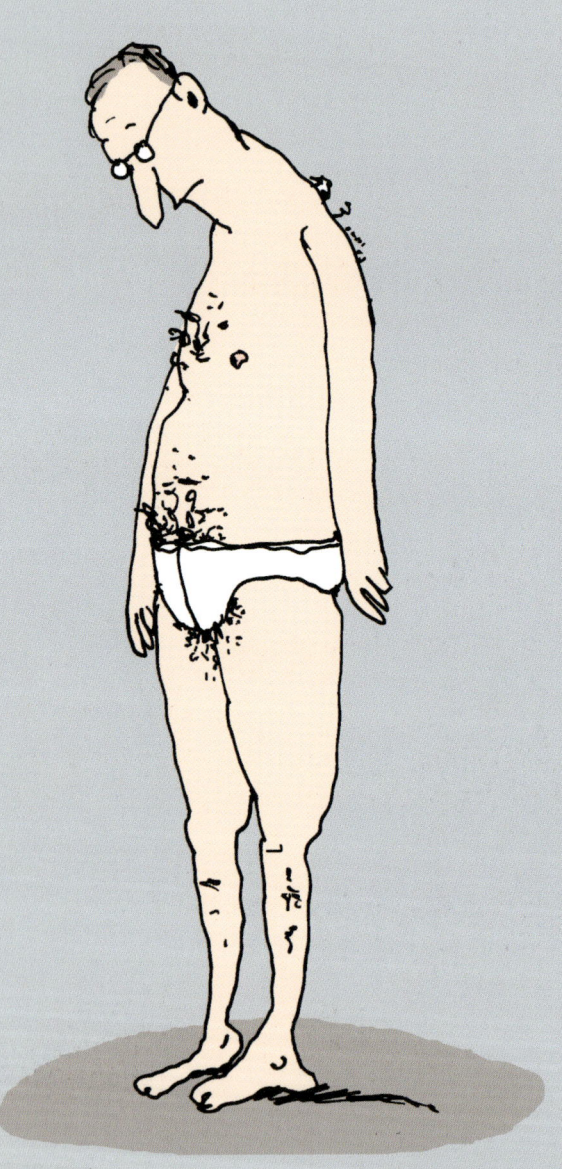

»Er verträgt keinen Kaffee mehr.« sagen, bevor man selber gesagt hat, dass man keinen Kaffee mehr verträgt

Hornhauthobel schenken

»Hast du gestern gesoffen?« zur Begrüßung fragen, wenn man nicht gesoffen hat

DER SENIORENTELLER, IST DER FÜR SIE?

Seniorenteller anbieten

Den Holzfäller in sich entdecken

ICH SÄGTE SELBST

Bei meinen Kollegen gelte ich nicht gerade als der Mann, den man fragt, ob er beim Renovieren eines Hauses oder einer Autoreparatur mit anpackt. Ich muss auch keine Weinflaschen öffnen, ganz einfach, weil ich zwei linke Hände habe. Ich bin zu doof zum Handwerken. Aber ich will ja an mir arbeiten. Meine Frau schätzt es, wenn ich mal was »Praktisches« hinbekomme. Das soll im Alter jetzt häufiger der Fall sein. Ich will ein Macher werden! Und als ich hörte, dass die Kollegen vom *Stern* ein »Outdoor-Journal« in Planung hatten, wo auch einer das richtige Sägen im Wald lernen sollte, wagte ich mich vor und rief: »Leute, lasst *mich* sägen! *Ich* will es lernen. Ich kann das. Äste – wollt ihr ewig leben?« »Es geht nicht um Äste, Mann«, sagte Kollege Oliver. »Du musst ganze Bäume umhauen.«
Das schockte mich erst mal. Aber ich kam aus der Nummer dann nicht mehr raus. Also begann ich mit der Recherche.

Und das Ergebnis sorgte für »Angst essen Seele auf«!

Man spricht ja immer so locker von »blutigen Anfängern«. Schon möglich, dass diese Wendung einst von sägenden Waldarbeitern erfunden wurde. Es gibt laut einschlägiger Unfallstatistiken kaum

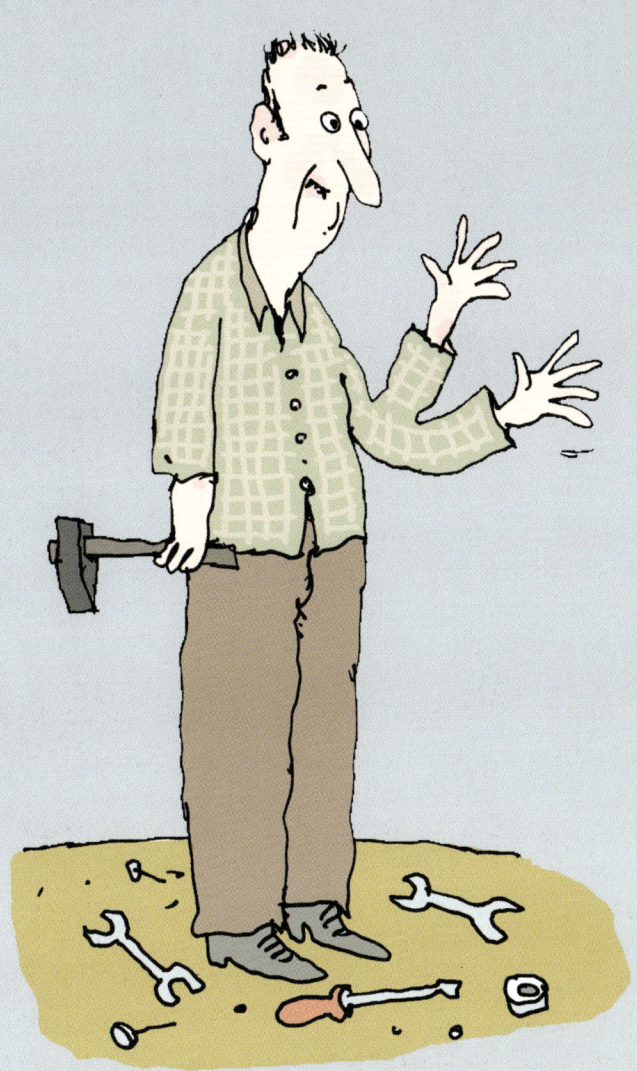

etwas Gefährlicheres als Kettensägen. Einmal abgerutscht, und man blamiert sich bis auf die Knochen. Aber trotz aller Gefahr: Gesägt wird immer mehr in deutschen Landen. Und das beileibe nicht nur von Profis. Deutschland, so stellte ich fest, ist auf dem Holzweg.

Weil Kaminöfen immer beliebter werden, aber das Brennholz vom Händler teuer ist, sägt der Privatmann von Welt zunehmend selbst. Gern auch mal in den eigenen Körper.

Deshalb wird mittlerweile in den meisten Bundesländern kein privater »Brennholzselbsterwerber« mehr in den Forst gelassen, ohne dass der vorher eine Art Führerschein für Motorsägen gemacht hat. Seriöse Kursanbieter sind unter anderem Forstämter. Dort habe ich dann für meinen Sägelehrgang vorgesprochen. Hier ist mein schonungsloser, atemberaubend spannender Bericht, direkt von der Forstfront, vom Kampf mit baumlangen Bäumen.
Herr Hoffmann vom Forstamt Farchau, nahe Ratzeburg, ist mein Kontaktmann vor Ort.

Er mustert mich, sieht die zarten Journalistenhände und den leptosomen Körperbau.

Er habe da den Herrn Günter Rieken zur Hand, einen sägekundigen Forstwirtschaftsmeister, der könne mir Privatstunden geben. In einem regulären Kurs mit all diesen Obi- und Praktiker-Freaks würde ich dann wohl doch zu sehr stören. Und dann wird er fordernd: »Sie wissen schon, dass Sie bei uns nicht in Jogginganzug und Windjacke auflaufen dürfen, oder?« Ich lerne, dass jeder vernünftige Sägekurs von den Teilnehmern Schutzkleidung verlangt: Helm mit Gehör- und

Gesichtsschutz, schnittfeste Hose, schnittfeste Schuhe und Hand-schuhe. Gemeint ist hier definitiv nicht die Schnittfestigkeit, die bei Tomaten so willkommen ist, sondern die Wirkung spezieller textiler Materialen, die die rotierende Kette der Säge durch eine Art »Verhed-derungsprozess« umgehend zum Stillstand bringen. Rund 250 Euro kann man für die Komplettausstattung schon ausgeben, wenn's … nun ja … schnittig aussehen soll.

An einem sonnigen Aprilmorgen treffe ich dann – schnittfest geklei-det – Günter Rieken. Ein kräftiger Mann mit offenbar angeborener Autorität. Ein erfahrener Lehrer. Er hat allein in den letzten andert-halb Jahren rund 1700 Leute in Sägekursen unterrichtet.

Rieken reicht mir die Hand und meine Säge – ein Riesen-ding mit Auspuffabschirmung, Krallenanschlag, Ketten-fangbolzen und Vibrationsdämpfung. Cooles Teil.

Vom Feinsten. Aber vorerst nur zum Angucken. Denn bevor ich Ästen und gar Bäumen an die Rinde gehen darf, kommt erst mal graue Theorie. Ich erfahre Nützliches über Baumbeurteilung, Sicherheitsab-stände, Bruchleisten, Entastung, Trenn-, Fällschnitt und Umkeilung.

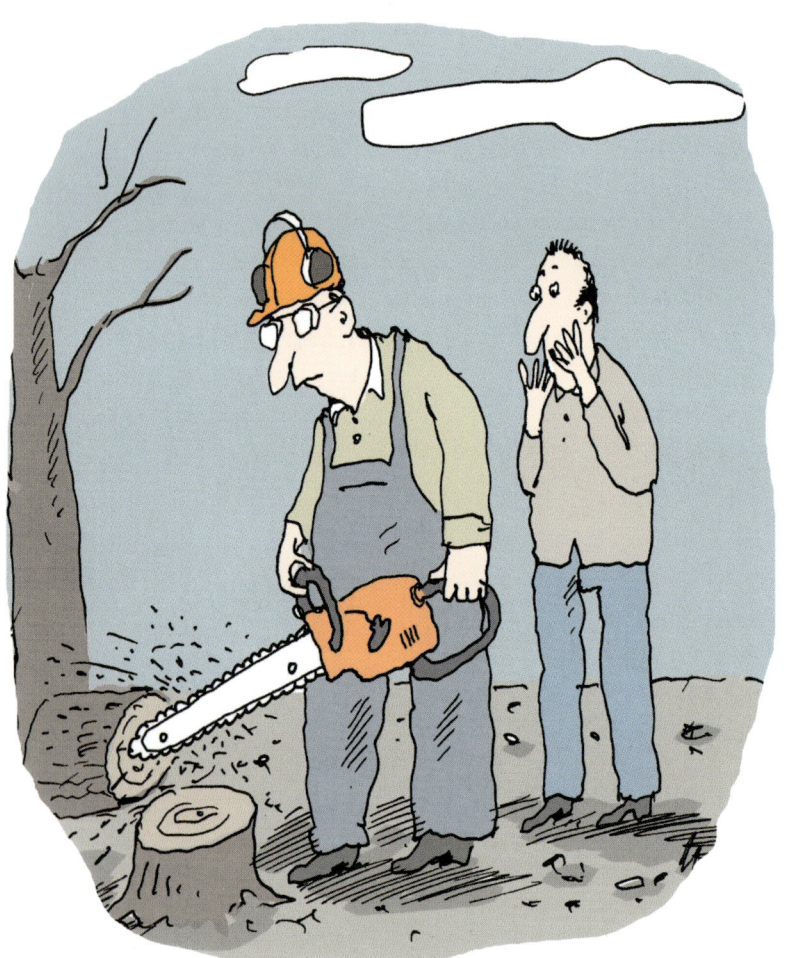

Beim Thema »Verletzungsgefahr im Wald« wird mir etwas mulmig. Gut, dass ich Jacke wie Hose habe. Rieken aber macht unmissverständlich klar: Hose hin, Jacke her — man muss verdammt aufpassen. Zum Beweis zieht er sein rechtes Hosenbein hoch und zeigt eine Prothese, vom Oberschenkel abwärts. »Baum draufgefallen. Pech gehabt. Klar, was ich meine?« Verdammt klar. Scheiße, warum habe ich diesen Auftrag angenommen? Dann geht es in den Wald. Ich blamiere mich umgehend, weil ich es vor lauter Aufregung nicht schaffe, die Säge anzureißen. »Ein Mann wie ein Baum — sie nannten ihn Bonsai«, denke ich und reiße mit hochroter Birne weiter am Seil. Schließlich bringe ich das Ding doch noch zum Laufen. Ganz schön laut. Und wie das Sägeblatt da so aggressiv rotiert. Ich werde unsicher. »Nie über Schulterhöhe und nie mit der Schienenspitze sägen«, erinnert mich Günter Rieken und lässt mich erst einmal vorsichtig einen Baum entasten und dann zerteilen.

Geht durchs Holz wie Butter, mein Sägeblatt.

Nach zehn Minuten habe ich mich etwas an mein Gerät gewöhnt und verstehe jetzt auch, dass man zuerst in die Druckseite des Holzstücks und nicht in die Zugseite sägen muss, damit einem nichts um die Ohren fliegt. Anschließend darf ich schon mal Scheiben aus einem großen Baumstumpf heraussägen. Läuft gut, strengt aber ganz schön an.

Und dann geht's richtig los. Mein erster Baum soll fallen. Ein Ahorn, etwa zehn Meter hoch und so dick wie der Rumpf eines Mannes. Mein Lehrer fragt noch mal die Essentials ab. Wir bestimmen den Gefahrenbereich, verjagen Schaulustige und legen die Fallrichtung fest. Dann säge ich einen so genannten Fallkerb mit zwei Schnitten

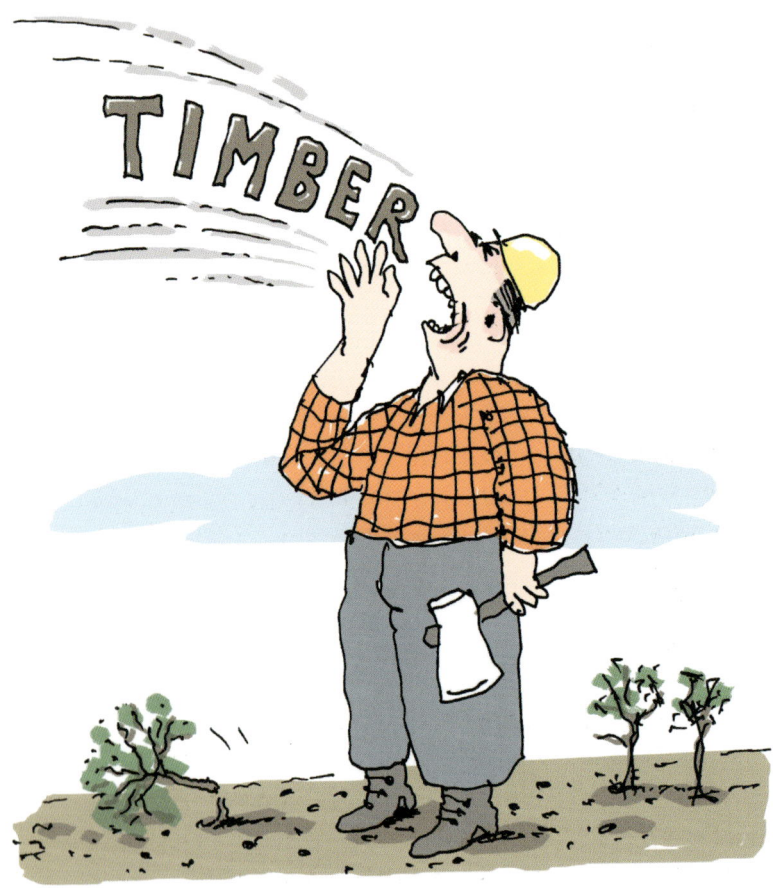

in den Baum, etwa 30 Zentimeter über dem Boden. Das ist ein Keil, der bis zu einem Drittel in den Baum hineinreicht und die Fallrichtung festlegt. Auf der anderen Seite des Ahorns säge ich danach mit etwas zittrigen Händen oberhalb des Fallkerbs eine waagerechte Linie, den Fällschnitt. Fünf Zentimeter bleiben stehen, damit der Baum kontrolliert umfällt. Noch steht der Ahorn. Aber er knirscht schon. Ächzt! Kämpft! »Fall um, du Sau«, denke ich, radikalisiert durch die Erschöpfung. Doch der Ahorn ist ein Steher. »Den müssen wir umkeilen«, sagt Günter Rieken. Kaum hat er den Satz beendet, da gibt der Ahorn auf. »Aaaaachtung!«, brüllt Rieken vorschriftsmäßig. Und jetzt fällt der Baum und donnert mit einem gewaltigen Rums auf die Erde, genau dahin, wo er sollte.

Alter Sack, geile Aktion!!

Aber dann liegt er so da, mein Ahorn. Tot, vom Stamm getrennt. Und ich muss auf einmal an die Sängerin Alexandra denken. Die sang einst: »Mein Freund, der Baum, ist tot. Er fiel im frühen Morgenrot.« Nachdenklich fahre ich nach Hause. Meine Frau begrüßt mich und fragt entsetzt: »Meine Güte, wie siehst du denn aus? Was ist los?« »Schatz«, sage ich. »Ich habe einen umgelegt.«

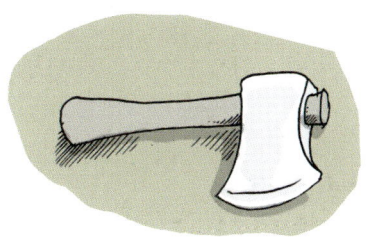

Der Arnold in mir

Ich muss es in aller Offenheit zugeben, ich bin ein eher mickriger alter Sack. Ich war schon immer eher schmal, und bis heute kriege ich bei uns in der Kantine im Verlag von besorgten Damen noch einen Schlag Labskaus drauf, augenzwinkernd gereicht mit den Worten: »Sie können es gebrauchen.« Nun gibt es ja kleine und schmale Männer, die im Laufe der Versackung ihres Lebens dann doch ein wenig zunehmen und – wie auch immer – an Statur gewinnen. Ich blieb bis auf eine kleine Pocke weitgehend schmächtig. Deshalb habe ich schon mit ungefähr 40 Jahren angefangen, etwas für meine nicht sonderlich ausgeprägte Muskulatur zu tun. Hinzu kam, dass mir ständig Orthopäden rieten, meine Rückenschmerzen würden besser werden, wenn ich Muskeln aufbauen würde. Also habe ich das versucht, und ich kann sagen, es war eine wahre Odyssee durch sämtliche Arten von Muckibuden, die in diesem Land zur Verfügung stehen. Nur vor Anabolika und ähnlichem Zeug bin ich zurückgeschreckt.

Ich habe ganz klein angefangen bei einem Turn- und Sportverein in der Mitte Hamburgs. Da wurde ich Mitglied, hab mich für den Kraftraum eingetragen und einfach losgelegt. Der Raum unten im

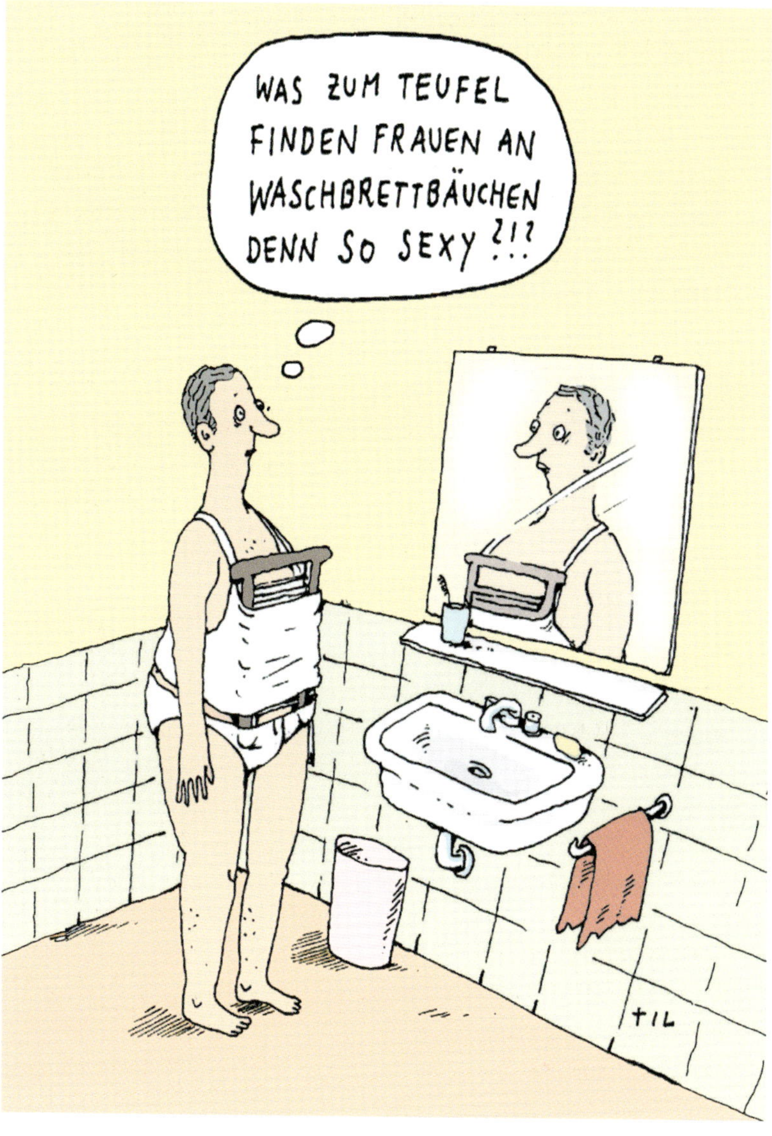

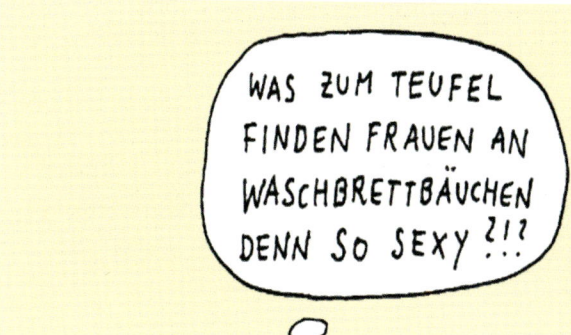

Keller war relativ klein. Da standen so ein paar Geräte, und schon als ich das erste Mal runterging, schlug mir dieser einmalige Duft von Schweiß, Metall und Shampoo entgegen.

Ich hörte Grunzen und Stöhnen aus dem Raum und das Krachen von Gewichten, die in die Ausgangsposition zurückschlugen.

Ein kräftiger Typ in Jogginghose und weißem T-Shirt begrüßte mich: unser Trainer. Ich stellte mich als neues Mitglied vor. Er blickte sorgenvoll an mir herunter und sagte: »Dann wählen wir mal das niedrigste Gewicht, wollen uns ja nicht gleich übernehmen.« Ich habe ihm nicht widersprochen, größere hätte ich wahrscheinlich auch gar nicht hochgekriegt. Die anderen Typen, die an diesem Tag da waren und an den Maschinen schwitzten, sahen meiner Ansicht nach so aus, als ob sie diese Muckibude gar nicht nötig hätten, denn sie hatten schon veritable Muskelstränge an Oberarmen und Oberschenkeln, wollten aber offenkundig noch mehr. Ich kam mir echt blöd vor. Doch der Trainer machte seinen Job ganz ordentlich, fragte mich aus, überprüfte meine Muskulatur und erklärte mir erst mal die einfachen Sachen für Oberschenkel, Rücken, Oberarme etc.

Das Ganze wirkte zwar wie eine Anabolikabude vom Kiez, war aber im Grunde eine ganz solide Veranstaltung, wenn auch etwas karg eingerichtet, die Geräte nicht auf dem neuesten Stand, aber – ehrlich gesagt –, um Muckis aufzubauen, muss es vielleicht auch nicht immer das Neueste sein. Auf die Konsequenz des Übenden kommt es an. Die aber, das merkte ich schnell, fehlte mir. Immerhin zehnmal habe ich es geschafft, da hinzugehen, und einmal habe ich auch einen Kumpel mitgenommen. Das war interessant, der wog ungefähr das Doppelte von mir und war auch viel kräftiger, aber gänzlich untrainiert. Der machte mit mir die Einheiten durch, die ich absolvierte, und fing nach der fünften an zu hyperventilieren. Er musste sich hinsetzen, kriegte Schweißausbrüche und ist fast umgekippt, was mich ein wenig stolz gemacht hat. Dennoch fiel mir der Weg runter in den Keller dieses Sportvereins nach und nach immer schwerer.

Es war verdammt monoton, an diesen Geräten zu arbeiten.

Die Duschen waren so ein bisschen versifft, und insgesamt merkte ich, dass ich mich einfach zu sehr überwinden musste, da hinzugehen. Darüber hinaus lässt der Erfolg, anders als beim Laufen, bei diesen Muckibuden ja ein bisschen auf sich warten.

Ich erzählte meiner Frau von meinen Vorbehalten und meinem Unwohlsein in diesem etwas archaischen, verschwitzten Raum, und sie sagte mir: »Mein alter Sack, wenn es um deinen Körper geht, sollte dir nichts zu teuer sein, also geh doch mal in eins von diesen schicken Sportstudios. Da gibt es ganzheitliche Programme, da wirst du durchgecheckt, und da läuft Musik im Hintergrund. Viel-

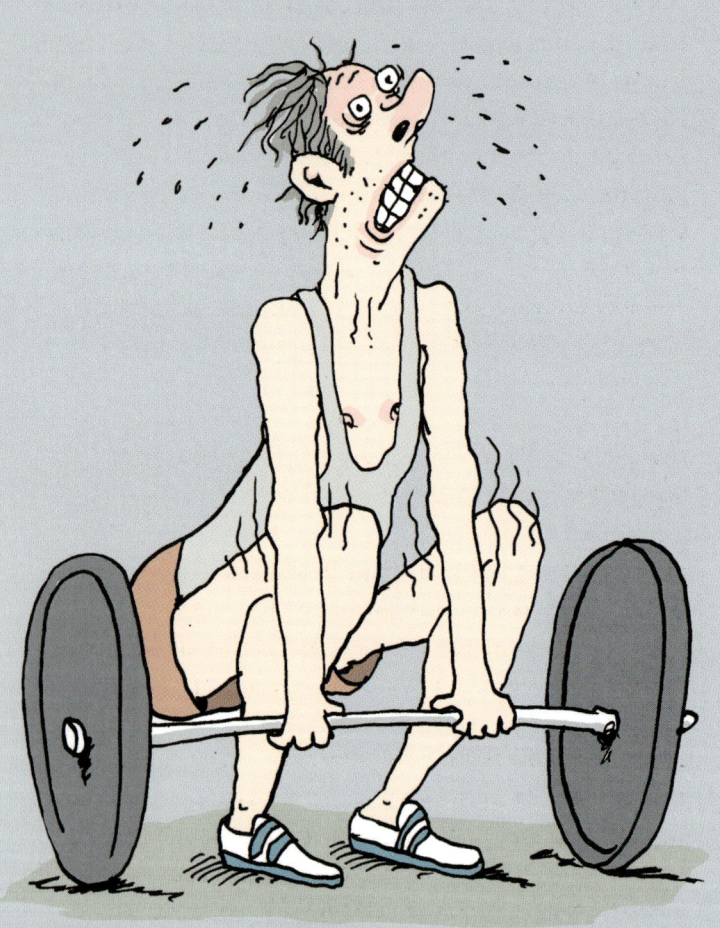

leicht gefällt dir das ja. Für mich wäre das nichts, aber du brauchst anscheinend ein bisschen was Stylisches, um dich wohlzufühlen.« Der Sache ging ich nach: Ich wurde Mitglied in einem schicken, teuren Sportstudio. Aber da – das sei gleich vorweggeschickt – fühlte ich mich noch unwohler. Alles war modern, hübsch, Musik spielte, und es waren »beautiful people« da, Männer und Frauen in teurem Sportdress, die an der Bar saßen, »smalltalkten« und Energydrinks konsumierten.

> **Natürlich gab es viele Geräte, viel mehr als in meiner Turnvereinbude da unten im Keller, aber ich kam mir hier sozusagen noch fehler am Platz vor.**

Wie das hässliche, dickliche kleine Entlein im Schwanenteich. Außerdem waren die meisten Leute auch noch viel jünger als ich. Meine Trainerin, eine etwa 25-jährige, gertenschlanke, durchtrainierte, drahtige, gut aussehende Diplomsportlerin, sah mich ebenso freundlich wie mitleidig an und führte erst einmal ein umfangreiches Beratungsgespräch mit mir, was ich aber eigentlich in Ordnung fand. Sie duzte mich sofort, erklärte mir, was es alles noch an zusätzlichen Leistungen gäbe, was für Powerdrinks sie mir empfehlen würde usw. usf. Ich will Sie hier jetzt nicht langweilen mit den Gerätschaften, an denen ich mich ausprobierte, aber es war im Prinzip das Gleiche wie in dem Turnvereinkeller, nur schicker, hipper, bunter und lauter.

Tja, und dann muss man sich in diesen teuren Sport- und Fitnesscentern gleich auf ein Jahr verpflichten. Irgendwie doof, finde ich. Aber das ist wohl das Geschäftsmodell dieser Unternehmen: die Kunden beim inneren Schweinehund packen, sie hinlocken, festnageln, wohl wissend, dass sie im Schnitt schnell wieder aufhören und dann

brav noch das ganze Jahr über weiter
löhnen können. Ich kenne zumindest in meinem Bekanntenkreis
eine Menge Leute, die Mitglied
geworden sind, dann nach ein
paar Malen nie wieder hinge-
gangen sind und ordentlich
abgedrückt haben. Was ich nicht

in erster Linie diesen Unternehmen vorwerfe, aber es ist schon
bezeichnend, dass man in diesen »Gyms« selten einen Drei-Monats-
Schnupperkurs machen kann, weil die schon ganz genau wissen,
dass die meisten wieder abspringen. Was ich dann auch getan habe.
Irgendwann hat es mich einfach angekotzt hinzugehen, zu all diesen
fitten, hippen Leuten.

**Einmal stand neben mir am Stepper eine Frau, die meine
Tochter hätte sein können, und blickte zu mir rüber wie
zu einem kranken, alten Opi, der sich gerade vom Dia-
lysegerät weggerobbt hat und noch ein letztes Mal an
einer Hantel zerrt, um dann dahinzuscheiden.**

Trotzdem, jedes Mal, wenn ich aus der Dusche kam, mich im Spiegel
sah oder gar in der Öffentlichkeit schwimmen war, dachte ich im Stillen: »Ach, so ein bisschen mehr Muskeln wie der Typ da vorne, das
wär's.« Ich hörte nicht auf darüber nachzudenken, es doch noch mal
wieder zu versuchen. Aber ich hatte ja jetzt schon zwei Sachen abge-
hakt, die Turnhalle und das teure Sportcenter. Was konnte es noch
geben? Dann sah ich es. Eine Reklame des Unternehmens Kieser,
und das sprach mich auf genau die Weise an, die ich hören wollte,
so nach dem Motto »gesundheitsorientiert, kein Schnickschnack, bei

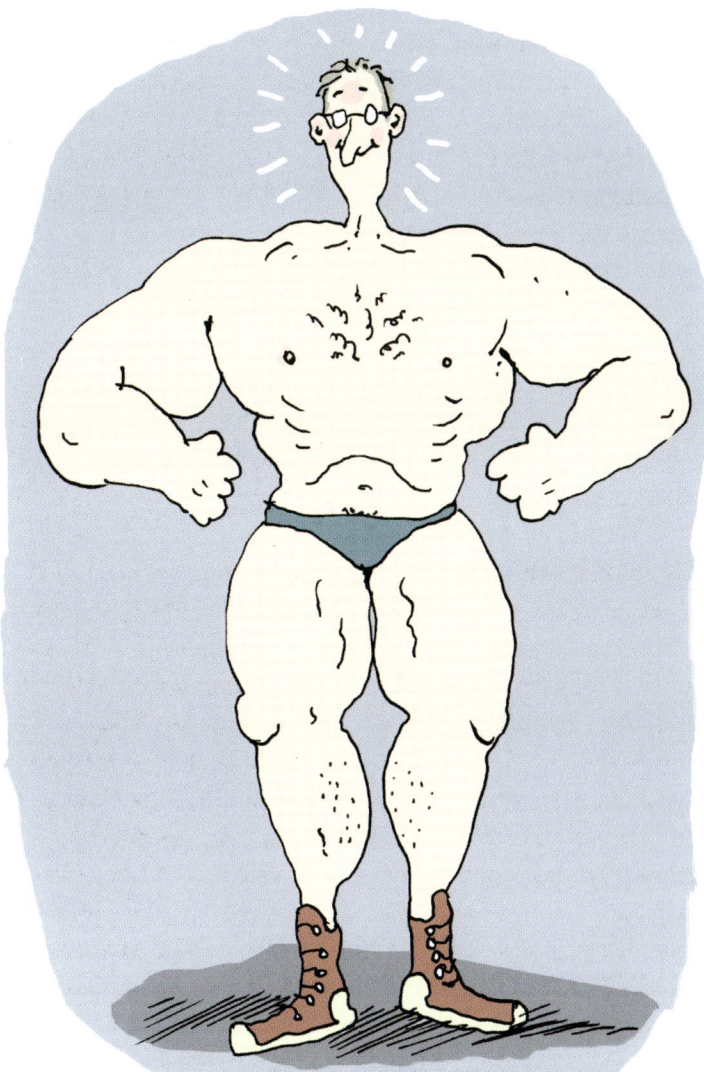

uns muss keine Musik gehört werden, bei uns gibt es auch keine Bar und keine Drinks, wir ziehen das so nüchtern durch, wie es sein muss«. Der Mann, der das Training erfunden hat, war auf diesen Plakaten abgebildet. Den hatte ich auch schon in Talkshows gesehen, er wirkte kompetent. Vor allen anderen Vorzügen gibt es diese Kiesercenter überall in Deutschland, so dass man unkompliziert wie bei McDonalds zum Essen überall auch »kiesern« gehen kann, wenn einem danach ist. Die Dinger sehen praktisch alle gleich aus. Ich ging also zu einer Probestunde hin, und ich muss sagen, es gefiel mir ganz gut.

Meine Trainerin war eine fast zwei Meter große, unglaublich kräftige Frau, die in einem Catcherfilm hätte mitspielen können.

Sie war aber wahnsinnig nett und hat mich wirklich kompetent nach Vorerkrankungen und Ähnlichem abgefragt und mir dann ein auf den Leib geschneidertes Programm zusammengestellt.
Bei Kieser sieht es wirklich etwas spartanisch aus, aber ich fand es nicht unsympathisch nach meinem Unbehagen in dem teuren Fitness-Hipster-Center. Kieser ist sozusagen der pure Stahl. Eine Theke, wo man sich anmeldet, dann geht man an die Geräte, daneben befinden sich die Duschen, und man zieht sein Programm durch, schweigend, mit Leuten, die wie man selbst nach der Arbeit da hinkommen, um das zu machen, was ein Mann oder eine Frau halt tun muss, um fit zu werden: pumpen und schwitzen. Ich habe das eine ganze Zeit lang durchgehalten, fast ein halbes Jahr, bis ich wieder Probleme mit den Bandscheiben bekam, was aber nicht ursächlich mit dem Kiesertraining zusammenhängt, sondern daran liegt, dass der Rücken nun mal meine Schwachstelle ist.

Danach versuchte ich es erst mal mit Akupunktur, wollte es ein bisschen ruhiger angehen lassen und habe zunächst nur weiter gejoggt. Walken habe ich auch mal probiert, was mir aber irgendwie auf die Dauer ein bisschen zu doof war.

Kieser war wie gesagt okay, aber auch da muss man sich länger festlegen, und nach meinem Bandscheibenkram habe ich eine ganze Zeitlang Geld verbrannt, ohne wirklich zu trainieren. Deswegen hatte ich von allen kommerziellen Muckibuden erst einmal die Nase voll.

Zwei Jahre später habe ich dann diesbezüglich den allerletzten Versuch gemacht, nämlich in meinem Verlag. Unten im Keller ist dort ein Fitness- und Kraftstudio eingerichtet worden. Ich dachte mir: »Das ist es: Was gibt es Besseres, als in der eigenen Firma direkt nach dem Job zu pumpen?« Also ging ich hin. Auch dort wurde ich kompetent eingeführt, musste mich auch nicht allzu lange festlegen und zahlte für meine Mitgliedschaft entschieden weniger als vorher. Es gab zwar nicht annähernd so viele Maschinen wie in den anderen Fitnesscentern, aber irgendwie fühlte ich mich ganz wohl. Ich sagte mir: »Toll, Alter, immer wenn du mal einen Augenblick Zeit hast und abends früher fertig bist als gedacht, schiebst du noch mal eine Einheit rein, setzt dich dann gleich so ins Auto, duschst zu Hause und hast nicht diesen ganzen Stress mit diesen Firmen und Verträgen und all diesem Kram.«

Das klang eigentlich ganz gut, ich habe das auch ein paarmal durchgezogen, aber dann begann ich zu schwächeln. Ich ging nicht wirklich regelmäßig runter ins Kraftstudio und pumpte. Immer kam was dazwischen.

> **Der innere Schweinehund war stärker, mal hatte ich zu viel Hunger, dann war ich irgendwie schlapp – tja, und schließlich gestand ich mir die ganze Wahrheit ein: Es ist einfach unfassbar langweilig, an diesen Geräten zu sitzen, Gewichte zu stemmen und geradeaus zu stieren.**

Das Pumpen hat mir einfach bis zum Schluss keinen Spaß gemacht, und nach dem erneuten Flop im verlagseigenen Fitnessstudio – was ich nicht diesem anlaste, sondern einzig mir – beschloss ich: Muckibuden sind definitiv nichts für mich.

Freut euch, ihr Krafttrainer, ihr muskulösen Kunden all dieser Läden. Dieser schmale, mürrische alte Sack mit den dünnen weißen Beinen wird nicht mehr neben euch fluchend kleine Hanteln stemmen und ächzen wie ein Grottenolm beim Sex. Für mich ist dieses Kapitel in jeder Hinsicht (!) beendet.

Schonende Sportarten

EXTREM-SITTING

HALLEN-JOJO

SPAZIERGEHING

TASCHEN-BILLARD

COUCHING

FAHRSTUHL-TAKING

**FUSSBALL-GUCKING
und
FINGER-JOGGING
(auf der Fernbedienung)**

FRAUEN-HINTERHER-GLOTZING

**MITTAGS-SLEEPING
oder
DÖSING**

**BIERKASTEN-HEBING
und
POWER-SKAT**

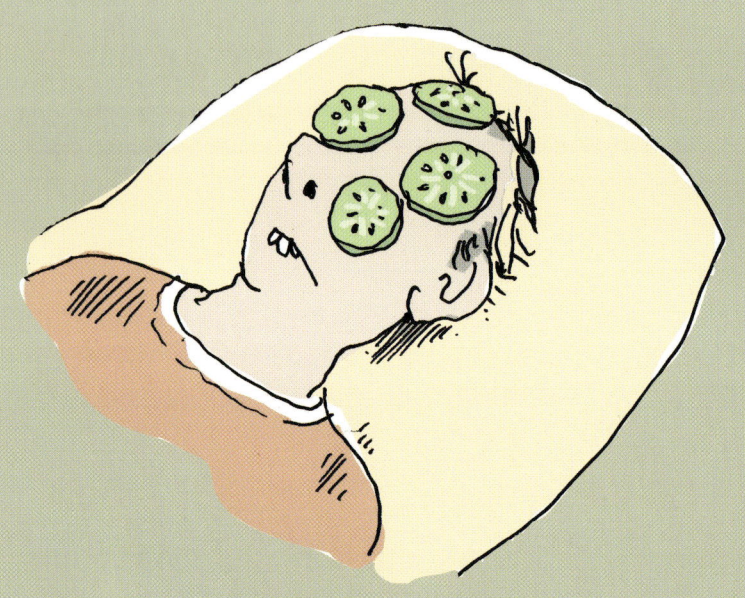

Schöner
werden

Im Reich der Sinne

Immer wieder sagt meine Frau zu mir: »Alter Sack, tu doch mal was für dich und jammere nicht immer nur.«

»Was denn, Frau?«, murmele ich darob stets und jammere leise weiter.

»Na, du hast doch mal in diesem Wellnesstempel, dem Niveahaus, eine Massage bekommen und warst hinterher wie ausgewechselt. Da gehst du jetzt mal wieder hin. Das wird dir guttun. Eine Freundin hat ihren Mann da zu einer sehr speziellen Rasur geschickt. Mit Beautyprogramm. Mach das auch mal.«

Und da ich besser tue, was meine Frau mir rät, ging ich an einem regnerischen Freitag zu diesem Wellnesstempel mitten in Hamburgs feinster Einkaufsmeile. Eine riesige Niveadose ziert die Häuserfront. Unten im Erdgeschoss gibt es ungefähr acht Millionen Niveaprodukte zu kaufen. Auf drei ansprechend eingerichteten Stockwerken darüber und im Keller finden die sogenannten Anwendungen statt: Massagen, Peelings, Pediküre, Bäder,

Packungen, kurz: Runderneuerungen aller Art. Dort soll ich das
»volle Programm« für Männer bekommen, eine Pflegerasur der guten
alten Art, verbunden mit einer Gesichts- und Nackenmassage.
Fatma, die türkische Barbierin, kommt auf mich zu. In der Hand hält
sie ein bedrohlich funkelndes Rasiermesser. »Das ist scharf, nicht
wahr?«, frage ich mit leiser Stimme. »Nein«, antwortet Fatma. »Das
ist sehr scharf.«

Dann klappt sie das Messer einmal auf und zu und lächelt. Voll cool, die Frau.

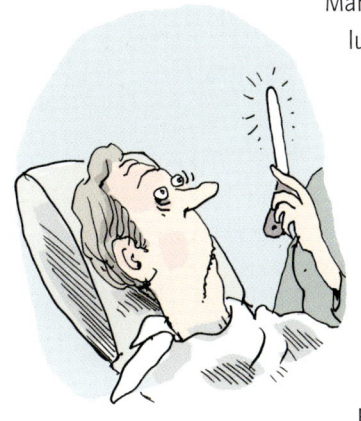

Man führt mich ab in das Behandlungszimmer und bettet mich auf eine Art Liegestuhl. Das Licht wird gedimmt. Fatma schiebt einen Plastikrüssel vor meinen eigenen und drückt auf einen Knopf. Feiner, heißer Nebel hüllt mich ein. Man bedampft meine Fresse, dann wird selbige mit Niveacreme eingerieben. »Damit die Haut nicht so gereizt wird«, sagt Fatma und bedeckt mein fettglänzendes Antlitz mit einer dicken Schicht Rasierschaum. Ich kann durch den Nebel des Visagenbedampfers kaum noch etwas erkennen.

Doch da – für eine Zehntelsekunde erkenne ich die scharfe Klinge des Rasiermessers, die sich langsam meiner Kehle nähert.

Ich erstarre, was auch besser ist. Denn als jetzt die Klinge gegen den Strich kratzend über meinen Hals fährt, wäre Zappelei eher unangebracht. Aber Fatma weiß, was sie tut. Zügig, aber ohne Hektik schabt sie Haar um Haar von meinem Gesicht, bewältigt auch kantige Problemzonen im Kinnbereich ohne Gemetzel und cremt mich nach der Rasur mit allerlei pflegenden Substanzen ein. Ein großartiges Gefühl. Dann übernimmt ihre Kollegin Ferda, die Leiterin des Kosmetikberei-

80

ches, die Schlenz-Bearbeitung. Sie verpasst mir eine großartige Kopf-, Nacken- und Schultermassage. Dann kommen sogar die Füße dran. Es killert nicht. Ich dämmere weg, höre die sanfte Musik.

Herrlich, sich mal so verwöhnen zu lassen. Das machen wir Männer viel zu selten.

Und es wird noch besser. Es folgt die Anwendung »Klare Sache«. »Aufklärung für die Haut« heißt es im Programm soldatisch. Dabei geht es um eine »Gesichtsbehandlung mit Bedampfung für eine porentief gereinigte und erfrischte Haut«. Okay, man möge mich erneut bedampfen. Zudem werde ich gewienert, eingecremt, von widerborstigen Haaren befreit, bekomme ordentlich was auf die Augen und obendrein eine Massage im Nacken und am Kopf. Groß-artig!

Ich dämmere noch ein wenig im Liegen, schaue nach drau-ßen auf die Alster und denke: »Ganz großer Sport, so ein Beautyprogramm.« Dann bin ich fertig. Entspannt, gründlichst rasiert, porentief rein, glänzend – und, wenn man die Augen ganz doll zusammenkneift, auch fast ein bisschen schön.

Ich rieche gern

Ich hatte schon immer eine empfindliche Nase. Umkleideräume in der Schule zum Beispiel waren mir olfaktorisch schwer verhasst. Und auch heute stehe ich ungern mit einem ehrgeizigen Fahrradkurier in einem Aufzug. Besonders peinlich ist es ja immer, wenn so ein dünstender Kraftmensch früher als man selbst aussteigt und dann im nächsten Stockwerk Kollegen zusteigen. Ahnen sie, dass die Wolke aus Kettenöl und Drüsensekret nicht mir entströmt? Sie sehen: Gerüche beschäftigen mich. Kein Wunder also, dass ich mich seit frühester Jugend auch ihren positiven Seiten zuwende. Ich benutze schon lange Parfüms und Eau de Toilettes. Gern erinnere ich mich an heute unmögliche Düfte wie »Old Spice« (»Old Schweiß«), »Tabac« oder das leicht tuntige »Yardley«. Geruchstechnisch am heftigsten ist mir ein ungemein schweres Wässerchen namens »Fahrenheit« in der Nase geblieben. Das kleisterte einem flächendeckend die Schleimhäute zu, roch aber immerhin schön teuer, was es übrigens auch war.

In den freakigen 70ern kam es dann ja mal zwischendurch zu einer kurzen Patschuli-Phase unter jungen Menschen. Wer heute um die fünfzig ist, wird sich an das penetrante, süßliche Duftöl aus Indien erinnern, das sich zwischen all den Haschischschwaden wie ein öliger Film auf die Flokatis in den von Lichtorgeln erhellten Partykellern legte.

Haschisch? Ich habe selbstverständlich nie inhaliert, sondern nur Kekse gegessen.

Und weil ich nun so gern über Männerparfüms rede, ist es nicht verwunderlich, dass mich Kolleginnen aus dem zuständigen *Stern*-Ressort gebeten hatten, ein paar angesagte Düfte für sie auszuprobieren. Ist ein wenig her, aber alle Parfüms waren und sind sozusagen Klassiker und noch im Handel. Und ich nahm es damals sehr ernst. Deshalb hab ich die sechs hübsch verpackten Eau de Toilettes nicht einfach nur benutzt, sondern wirklich getestet.

Wie trägt man Parfüm eigentlich ordnungsgemäß auf? Einfach den ganzen Mann einnebeln? Unter die Achseln reiben? Großzügig in die Halsbeuge schütten? Auf den Steiß träufeln?

Ich wusste es nicht genau. Recherche heißt ja: rausgehen und Leute befragen. Zum Beispiel Experten. Die fein angezogenen Damen in den besten Jahren bei Douglas erschienen mir kompetent. Schließlich tun sie ja den ganzen Tag nichts anderes, als Zinkenwässerchen zu Unsummen an Mann und Frau zu bringen. Ich betrat also eine der gediegenen Filialen, schritt auf eine hochtoupierte Fregatte zu und sprach: »Ich soll Parfüms ausprobieren.« »Keine Pröbchen, Bursche«, zischte sie und berührte einen Alarmknopf an der Tisch-

kante. Auf einer Empore erhob sich ein Mann mit einer Schrotflinte. »Nein, nein«, sagte ich. »Ich habe doch schon Proben. Ich bin Journalist.« »Ah«, sagte die Schabracke. »Ein Tester.«

»Ja«, gab ich zurück. »Kester, der Tester.«

Da war das Eis aber so was von gebrochen, und sie beschrieb mir ausführlich, wie man Düfte auszuprobieren habe. Nicht, wie ich dachte, voll in die Fresse, sondern dezent einen Spritzer auf die Pulsschlagader oder an eine andere Stelle, »an der die Haut dünn ist«. Und nicht verreiben, das »verschmiere das Hautfett«. Dann einwirken lassen und nach ein paar Minuten beherzt schnuppern.

Derartig kompetent gebrieft ging ich nach Hause und begann mit den Selbstversuchen. Hier ist mein Protokoll:

Duft Nummer 1: »**Tom Tailor**«. Sprüh! Wart! Schnupper! Ein angenehmer Duft. Leicht. Unaufdringlich. Einen Hauch zu nussig im

Abgang und etwas zu stromlinienförmig auf der hinteren Nasen-schleimhaut. Insgesamt aber ein feiner Tropfen.

»Okay, kann ich akzeptieren«, sagte ich. Ich bin 52. Also schon halb alt. Und genau deshalb werde ich den guten Tom weiter benutzen.

Duft Nummer 2 heißt »Lalique pour homme«. Packung und Flacon ziert ein goldener Löwe. Ziemlich kitschig. Und so riecht der Stoff auch. Schwer und sehr lieblich. Wäre es ein Wein, würde ich auf das Flaschenetikett schreiben: »Von deutschen Winzern mit Zucker auf Trinkstärke herabgesetzt.« »Lalique« dieselt eindeutig zu lange süßlich nach.

Es klebt förmlich im Rüssel.

Für diesen Duft bin ich ganz eindeutig noch zu jung.

Nummer 3, »Pure« von Jil Sander, spricht mich schon durch die dezent-schicke Verpackung und den ebenso schlichten Flacon an. Beherzt trage ich die kristallklare Flüssigkeit auf, lasse sie einwirken, wittere – und bin verwirrt. Mag ich das? »Pure« riecht ungewöhnlich. Nicht dezent, aber auch nicht aufdringlich.

Fruchtig und irgendwie, nun ja ... entschlossen.

Der Duft hat Charakter. Meine Frau mag ihn auch und sagt, ich solle ihn fortan regelmäßig tragen. Der Ritterschlag!

Nummer 4, **»B-Men«** von Thierry Mugler, irritiert nach dem beherzten Auftragen erst mal meine vorderen Geruchspapillen. Eine Art geruchstechnischer Faustschlag. Heavy stuff! Mir wird schwindelig. Handelt es sich hier vielleicht um ein Lokalanästhetikum?

Oh, röche es doch anders.

Hier haben wir einen schweren, raumgreifenden Duft, der an Königshäuser, den Wiener Opernball und ältere Herrschaften denken lässt. Nix für mich.

Nummer 5, **»Kenzo Air«,** befindet sich in einem quadratischen, schmalen blauen Flacon. Ich sprühe ihn mir in die Nackenbeuge, lasse ihn einwirken, reibe befehlsgemäß nicht und lasse meine Gattin schnuppern, weil ich mit der Nase ja nicht in meine Nackenbeuge komme. Dennoch steigen mir ein paar feine Tröpfchen in die Nase.

Ich kann diesem Duft schon mal grundsätzlich eine wuchtige Würze bescheinigen.

Meine Frau schnuppert und ist sich nicht sicher. Zu intensiv? Sie sagt, ich solle »ihn mal einwirken« lassen. Am Abend geht sie mir noch mal mit der Nase an den Nacken und beschließt, dass dieser Duft nichts für den täglichen Gebrauch, sondern was für feierliche Anlässe sei. Er habe etwas »Erhabenes«. Das hat sie schön gesagt. Ich schließe mich meiner Frau an.

Nummer 6 **heißt »Echo«,** ist von der Firma Davidoff und mein Spitzenreiter. Ein warmer, anschmiegsamer Duft, zwischen goldgelbem Fruchtaroma und rassiger Herbe.

Herbe? Kann man – analog zu Süße – Herbe sagen?

Ich will es hier tun. »Echo« trägt sich wie ein schönes Hemd. Man möchte es jeden Tag anhaben. Dieses Eau de Toilette schmeichelt der Nase, und – nein – ich habe kein Geld von der Firma Davidoff angenommen. Ich mag »Echo« einfach so, weil es verdammt gut riecht.

So, dies war mein Testprotokoll. Aber irgendwie ist meine journalistische Neugierde noch nicht befriedigt. Zu jedem einzelnen der Düfte habe ich mich geäußert. Wie aber, so frage ich mich, ist die Kombination verschiedener Wässerchen zu bewerten? Wie riecht es, wenn man die Düfte mischt? Ich habe mich deshalb in diesem Moment zu einem Selbstversuch entschieden. Während ich diese Zeilen schreibe, werden Sie, liebe Leserinnen und Leser, Zeuge, wie ich live alle getesteten Eau de Toilettes auf einmal ausprobiere. Alle zusammen in einem gigantischen olfaktorischen Experiment. Geben Sie mir eine Minute. Ich schreib dann gleich weiter ...

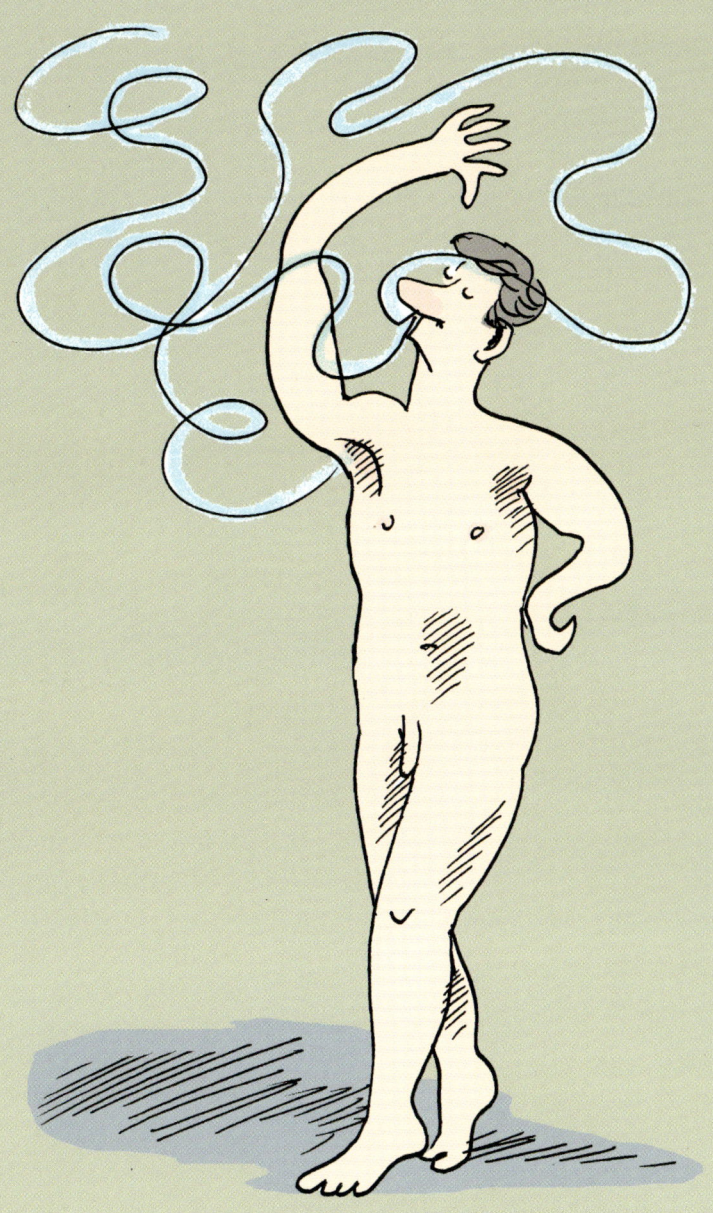

So, jetzt ist es vollbracht. Ich habe mich mit allen Wassern flächende-ckend eingesprüht. Sonderbar ... ich fühle nichts. Herzschlag normal. Hautwiderstand im Toleranzbereich.

Allerdings ist meine Nase komplett paralysiert.

Geruchsempfinden ausgeschaltet. Anscheinend eine Art Reizüberflu-tung. Gut, ich brauche Mitriecher. Werd gleich mal zu meiner Frau und meinen Kindern rübergehen.
Komisch ... warum laufen sie denn aus dem Haus? Warum versucht unser Hund, sich aus dem Körbchen zu stürzen? Warum bin ich ganz allein? Warum fallen die Fliegen tot von der Decke? Warum lösen sich die Tapeten von den Wänden? Ich denke, ich werde noch eine Terz von der Duftmischung nachlegen.

Herzlichst

IHR TESTER
(Nach Diktat verduftet)

Schöner, fremder Mann

Ich bin ja nicht mehr ganz frisch. Mit meinen 52 Jahren. Obwohl ich jogge, mich gesund ernähre und in Maßen zeche, sehe ich mittlerweile im Gesicht aus wie ein etwas zu lange gelagerter Pfirsich. Deshalb sagte ich mit Begeisterung zu, als mich eine meiner Kolleginnen bat, für sie Kosmetik für Männer zu testen. Ich würde — so hoffte ich — mit den jetzt immer zahlreicher angebotenen Pflegeprodukten für den Herrn ein neuer Mann werden. Nicht mehr der falbe Tränensack auf zwei Beinen, sondern ein neuer moderner Typ mit Spannkraft und einer Haut wie ein Babyhintern. Und wer wünscht sich die nicht? Ich habe das hier also auch für Sie, liebe Leser, getan. Hier meine kleine »Stiftung Kester-Test«:

DIE COOL & MATT GESICHTSTÜCHER VON LANCÔME

Das Versprechen: Der Einsatz dieser »Face Towelettes« soll ein »glänzendes Gesicht während eines anstrengenden Meetings oder in stressigen Situationen« verhindern. Immerhin verfügen die dreißig Tücher in der Packung über einen »mattierenden Sweat-Absorber«,

und das kann wahrlich nicht jedes Tuch von sich behaupten. Ich habe keine Ahnung, was so ein »Absorber« macht. Egal, er wird beinhart getestet.

Der Test: Ich beschließe, die Towelettes bei einem der häufig sehr anstrengenden Meetings in der *Stern*-Grafik auszuprobieren. Dort ringen wir Texter mit Layoutern um Platz für unsere Geschichten. Ich suche mir Markus, einen besonders groben Grafiker, aus. Während er mir gerade zu erklären versucht, dass man sehr wohl 100 Zeilen einer 120-Zeilen-Geschichte ohne inhaltliche Abstriche kürzen könne,

stehe ich auf, verlasse den Raum und wische mir draußen auf dem Gang mit einem der Towelettes über das Gesicht. Es fühlt sich angenehm frisch an, und der »Sweat-Absorber« riecht gut. Anschließend gehe ich zu Markus zurück, setze mich dicht vor ihn und sage: »Schau, ich glänze nicht mehr.« Er drückt sein Unverständnis mit den zärtlichen Worten »Hast du Lack gesoffen?« aus. Ich gehe glanzlos ab.

Das Fazit: Ein kurzfristiges Frischegefühl nach dem Einsatz der Tücher lässt sich nicht leugnen. Und Schweißglanz verhindert das Ganze auch eine Zeitlang. Man kann sich aber stattdessen auch einfach auf der Toilette kaltes Wasser ins Gesicht schütten und sich danach mit einem Papierhandtuch abtrocknen. Das bringt's auch und ist umsonst.

DER AFTER SHAVE HEALER VON CLINIQUE

Das Versprechen: Die »leichte Feuchtigkeitslotion« soll frisch rasierte Haut beruhigen, das Hautbild verbessern und ein angenehmes, frisches Prickeln erzeugen. Der Name »Clinique« verströmt Professor-Brinkmann-mäßige Kompetenz. Ich bin voller Hoffnung.

Der Test: Ich rasiere mich beherzt und nass, verteile etwas Lotion auf meiner Hand und reibe sie mir ins erwartungsvoll gerötete Backpfeifengesicht. Und – es wirkt. Das Zeug zieht schnell ein und hinterlässt ein angenehmes, wohliges Gefühl. Über eine Verbesserung des Hautbildes muss noch ein Langzeittest entscheiden.

Das Fazit: Gut, das. Kann man machen.

DIE PEDIX TREATMENT SOCKS

Das Versprechen: Hier handelt es sich um Schön-
heitssocken, die während des Tragens aus einer
Beschichtung an den Innenseiten »hochwertige
Pflegestoffe und Feuchtigkeitsspender« abgeben
und angeblich für »sofortiges Wohlbefinden« und
»traumhaft weiche Haut« an den Füßen sorgen
sollen. »Verhärtete oder schwielige Haut« würde
wieder »zart« werden. Wow! Ich überlege, ob
ich mir die Dinger gleich übers Gesicht ziehen
sollte.

Der Test: Ein- bis zweimal die Woche soll man die schweren,
türkisfarbenen Socken einige Stunden tragen. Als ich das erste
Mal hineinschlüpfe, fühlt sich das an, als ob ich in nassen Gummi-
stiefeln herumlaufe. Es ist Samstag, und ich beschließe, in meinen

93

grellen Socken einen kleinen Mittagsschlaf zu machen. Ich träume dabei, dass mir die Treatment Socks Superkräfte verleihen. Aber nur an den Füßen. Sie sind unverwundbar, können fliegen und haben Röntgenaugen. Das träume ich zum Glück nur einmal während der dreiwöchigen partiellen Tragphase. Meine Füße sehen danach wirklich besser aus.

Das Fazit: Da ich, wie fast alle Männer, meine Treter eine Terz vernachlässige, ist dies eine ideale Möglichkeit der bequemen mobilen Fußpflege. Vorausgesetzt, niemand sieht einen in den leicht tuntigen Socken herumschleichen.

DAS MORNING AFTER RESCUE GEL VON NICKEL

Das Versprechen: »Alkohol, Zigaretten, eine durchwachte Nacht: All das kann man an Ihrem Gesicht ablesen!«, unkt der Hersteller unheilverkündend auf der blau-silbrigen Verpackung. Durch den Einsatz seines Gels würde die Haut eines paffenden Zechers nach einer durchwachten Nacht wieder »Spannkraft und Festigkeit« bekommen und »strahlend und weich« werden. Außerdem würde der »mit Koffein und Menthol angereicherte Komplex auf der Basis von grünem Kaffee die geschwächten Prozesse« reaktivieren und stärken. Ganz schön ehrgeizig, meine Damen und Herren von der Firma Nickel. Das wollen wir doch mal sehen.

Der Test: Ich gebe mir mit einem Kumpel die Kante und schaffe es, bis vier aufzubleiben. Obwohl ich nicht rauche, inhaliere ich sogar zwei Züge »Camel ohne«. Am »Morgen danach« trage ich das Gel auf. Es fühlt sich schön frisch an, aber auch nach ein paar Minuten sehe ich immer noch aus wie ein Ork.

Das Fazit: Etwas für alle Stimmungskanonen, die wenigstens versuchen wollen, sich ihr Lotterleben nicht ansehen zu lassen.

DAS LIOMO EXPRESS WASH & CARE GEL

Das Versprechen: Dieses Gel verspricht »Reinigung und Pflege im Handumdrehen«. Es soll Hände »ohne klebrige und fettende Rückstände porentief« sauber kriegen und mit »Gingo-Extrakten freie Radikale« bekämpfen.

Der Test: Freie Radikale bekämpfen? Muss nicht sein, ich war ja selber mal einer. Aber trockene Hände habe ich nach dem Waschen oft. Also gebe ich vorschriftsgemäß eine kleine Menge Gel auf meine angefeuchteten Handflächen, massiere die Emulsion ein und wundere mich sofort, dass es sich anfühlt, als seien feine Sandkörner darin enthalten. Meine Frau klärt mich auf. »Andere Männer«, sagt

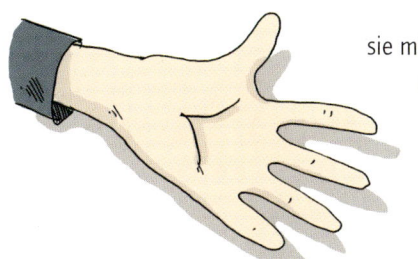

sie mit mildem Lächeln, »sind häufig handwerklich tätig, basteln an Autos – kurz: Sie machen sich die Hände dreckig. Und dann helfen diese kleinen Peeling- körner, um den groben Schmutz zu entfernen.« Ach so: ein Heim- werkergel für echte Männer. Ich gehe zu meinem Fahrrad und grabsche an der Kette herum. Dann reinige ich meine eingesauten Hände mit dem Liomo-Gel. Geht gut und fühlt sich hinterher angenehm »unausgetrocknet« an.

Das Fazit: Hier handelt es sich um die duftende High-Class-Version einer handelsüblichen Handwerker-Handwaschpaste. Für alle, die sich auch nach dem Schrauben wie ein Mann von Welt fühlen wol- len. Ich biete das Reinigungsgel Atze an, einem raubeinigen, begna- deten Biker, Handwerker und Mann für alles. Atze liest kopfschüt- telnd den Namen »Liomo Express Wash & Care Gel«, fühlt sich blöde angemacht und haut mir eine rein. Hier müssen noch Vorurteile abgebaut werden.

DER NICKEL SMOOTH OPERATOR

Das Versprechen: »Ein Mann kann hart und sensibel zugleich sein«, salbadert es verzärtelt im Text auf dieser Dose mit Rasiergel. Durch dieses würden auch »widerborstige Barthaare gefügig« und die Haut babyweich.

Der Test: Ich entdecke vor der Rasur sofort rund zwanzig deutlich renitente Barthaare, die sich des Beschnitts zu widersetzen drohen.

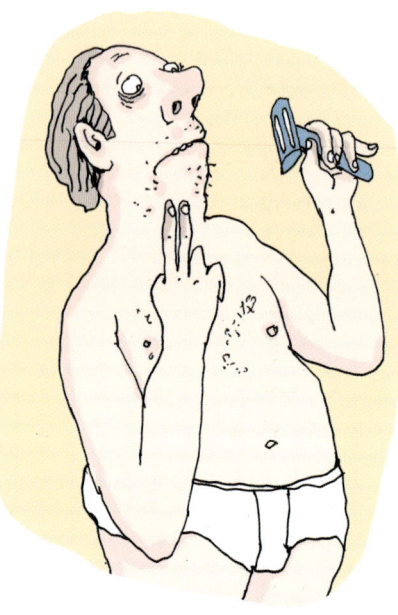

»Euch werd ich gefügig machen«, donnere ich. Dann sprühe ich das blaue Gel auf mein Gesicht, verreibe den autoritären Schaum und drehe die Marschmusik im Radio lauter. Die Rasur verläuft ohne Zwischenfälle. Gefangene werden nicht gemacht. Jeder bartseitige Widerstand erlahmt.

Das Fazit: Ich bin babyweich!

NACHTRAG

Ich habe dann, nachdem ich mich von Atzes »Wash & Care«-Behandlung erholt hatte, trotzdem noch ein paar andere Kosmetiksachen für Männer ausprobiert. Etwa den »mattierenden Power-Bronze-Puder-Pinsel« von Biotherm, den ich zunächst auf der falschen Seite aufmachte, wobei ich dann fast das gesamte Pulver aus dem Vorratsbehälter geschüttet hätte.

Etwas blieb übrig, ich puderte los, bis eine zarte Bräune mein zerfurchtes Antlitz zierte.

Richtig wohl fühlte ich mich aber »nachgedunkelt« nicht. Ich checkte auch noch »Manscara« von »taxi-cosmetics«. Das ist Wimperntusche

für Männer. Ich tuschte meine schütteren Wimpern. Dann nahm ich auch noch den »Brow Groomer« von Gaultier zur Hand, um meine Augenbrauen zu färben. Ich hätte das Ding »Theo-Waigl-Stick« genannt, dann wüsste man gleich, dass es um das Brauenbetonen geht. Meine sahen nach Gebrauch dunkler und ich irgendwie entschlossener aus. Und zum Schluss ging's auch noch an die Lippen: Ich probierte drei »Lip Balm«-Varianten aus. Alle zum Glück farblos, weiter geht man dann doch noch nicht. Es gibt sie in verschiedenen Geschmacksrichtungen (Spearmint, Citrus, Vanilla), und sie sollen mithilfe von Pflanzenwachsen trockene und rissige Lippen glätten und »die Lippen«, so der Werbeprospekt, »weich und geschmeidig halten«. Ich machte einen Kussmund! Nix riss. Cool!

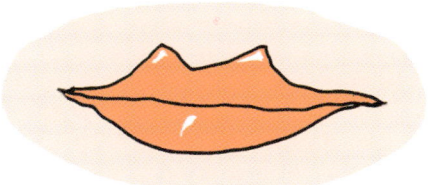

So, alles in allem war ich nun also einmal obenrum grundsätzlich aufgefrischt worden. Jemand sollte, jemand *musste* teilhaben an diesem Effekt. Atze? Besser nicht.
Ich rannte einfach vor die Tür, traf einen Nachbarn und rief: »Fällt dir was an mir auf?«
Er sagte: »Ja, du siehst irgendwie tuntig aus.«
So ein Sack!
Ich ließ ihn links liegen.

Parfüms für alte Säcke

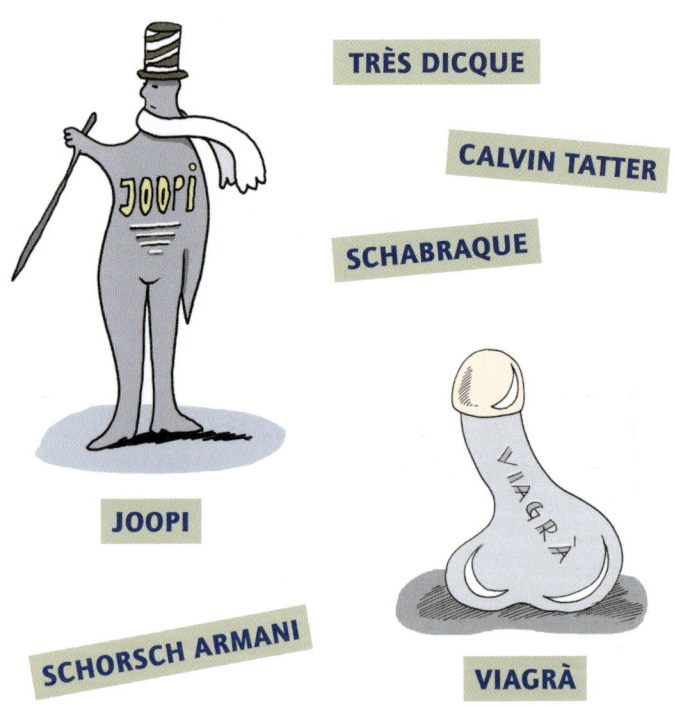

TRÈS DICQUE

CALVIN TATTER

SCHABRAQUE

JOOPI

SCHORSCH ARMANI

VIAGRÀ

SAQUCE

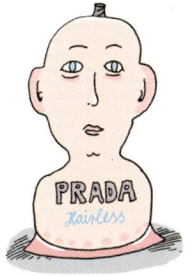

DOERR

PRADA-HAIRLESS

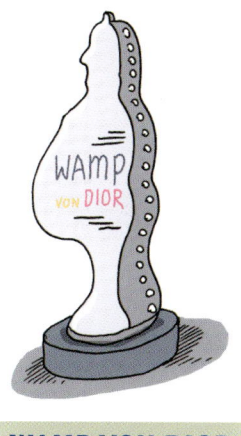

IMPOTÈNCE

WAMP VON DIOR

STRÄHNESSE

Sackstarker Aktivurlaub

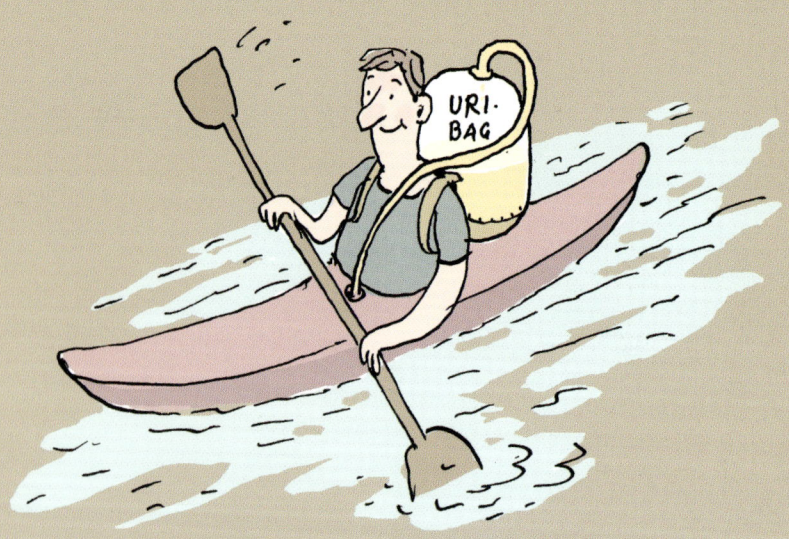

Bicycle Race 2

DER PROSTATASATTEL,

DIE MÜRITZ UND ICH

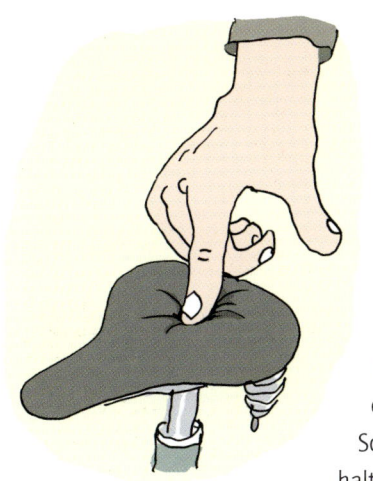

Ja, ich gestehe. Ich habe mir für eine Fahrradtour einen Prostatasattel gekauft. Also einen weichen Sattel mit einer kleinen Vertiefung in der Mitte, der den ganzen Sackbereich des alten Sacks Schlenz schont. Nein, ich habe keine Probleme mit der Prostata. Aber ich will auch keine kriegen. Und als der Verkäufer mir einen solchen »Vorsteherdrüsen-Schonungs-Sattel« anbot, habe ich halt zugeschlagen.

Bin ja auch nicht mehr zwanzig.

Außerdem saß es sich dort verdammt gemütlich drauf. Und man sieht ja nicht, dass es ein Prostatasattel ist. Also, es steht zum Beispiel nicht drauf »Prosta-Wohl – der schonende Sattel für den radelnden Rentner«.

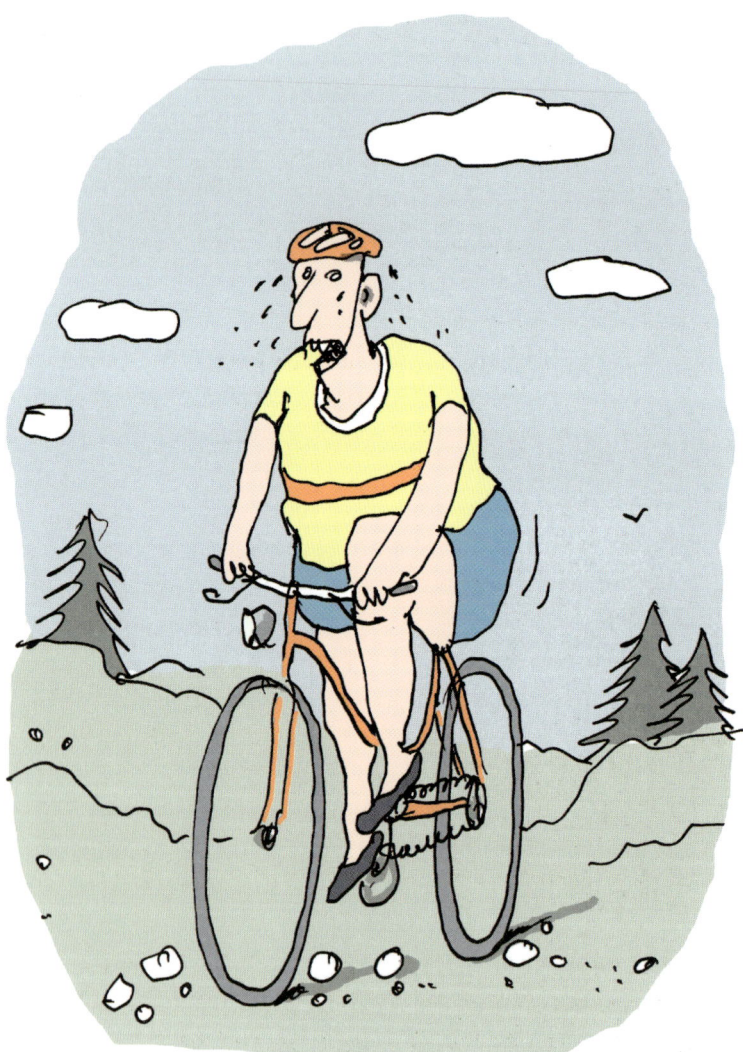

So, kommen wir zum eigentlichen Thema: Die eben oben erwähnte Fahrradtour war eine durch den Nationalpark Müritz. Eine ganz wunderbare, unfassbar schöne Ecke im Osten Deutschlands inmitten der Mecklenburgischen Seenplatte. Malerische Gewässer, Wälder, Moore, seltene Tiere, unberührte Natur, darin rund 230 Kilometer Radwanderwege und 450 Kilometer Wanderrouten. Man kann sogar Kanutouren mit Gepäckservice machen. Liebe Mitsäcke – hiermit wird ein Urlaub an der Müritz angeordnet, weil man da echt gut chillen und trotzdem was für seinen Körper tun kann. Ich will hier ja aber keinen Reiseführer schreiben, sondern Grundsätzliches empfehlen. Aber als Orientierung seien Ihnen hier die Kranich-Touren im Herbst und Frühjahr bei Federow ans Herz gelegt, wo man diese wunderbaren Vögel von versteckten Beobachtungsposten aus in Massen bewundern kann.

Und dringend anraten muss ich Ihnen auch eine Radtour zum Müritzhof. Der liegt mitten in einem wunderschönen, kleinen Tal und ist nicht mit dem Auto erreichbar. Die letzte Parkmöglichkeit sind die Orte Waren oder Federow. Man muss dann mit dem Rad rund 45 Minuten durch den Wald fahren oder etwa drei Stunden zu Fuß gehen. Die Belohnung ist dann aber ein wirklich grandioser, friedlicher Fleck, wie man ihn in Deutschland nur selten findet.

Man kann dort einkehren, was Einfaches essen und alles baumeln lassen: Glied, Seele, Beine, Arme – alles kommt zur Ruhe!

Und vor allem sind dort fast nur nette Leute und keine Hackfressen. Die radeln oder walken solche Entfernungen nicht für einen tollen Ausblick sowie Kaffee, Kuchen oder ein Bauernfrühstück. Der Müritzhof, ich muss es hier sagen, ist weltweit einer meiner Lieblingsplätze.

Und er soll ein Geheimtipp bleiben. Also vergessen Sie, was ich gerade geschrieben habe.

Tja, die wunderbaren Kraniche rund um die Müritz hatte ich ja schon erwähnt. Man kann dort aber auch Fischadler, Biber, Unken, Frösche, Molche – und auch sehr skurrile Einheimische sehen. Bei einem Fahrradverleih am Eingang zum Nationalpark zum Beispiel trafen meine Familie und ich mal eine wirklich sonderbare Frau. Sie hockte in einem Holzhaus, paffte Kette, vermietete brutal sächselnd Fahrräder, schien insgesamt aber eine herzliche und sehr patente Frau zu sein. Allerdings hatte sie noch die alte sorglose DDR-Masche drauf, wenn es um den Einsatz von Chemie und Gift ging. Als ich beim Anmieten der Fahrräder fragte, ob sie eventuell ein Mittel gegen Mücken hätte, grunzte sie: »Abo sischä«, griff zu einer Dose »Paral«, sprühte sich damit komplett ein (auch Haare und Gesicht) und rief hustend und würgend: »Gänsefleisch och mal versuchen!«

Hecheln, ächzen. Immer nur hoch!

ACTIONWANDERN AUF LA PALMA

Die kanarischen Inseln sind ja für viele Menschen so etwas wie Malle, nur weiter weg und auch im Winter buchbar. Ganz falsch ist das nicht, vor allem auf Teneriffa und Gran Canaria gibt es ganz großartige Ecken. Aber der eigentliche Knaller für den Aktivurlauber sind die kleineren Inseln wie La Gomera und La Palma. Da gibt es kaum Massentourimus, aber jede Menge zu entdecken und zu erwandern. Alte Säcke sind hier richtig, wenn sie es noch mal wissen wollen. Also nix mit Abhängen am Strand und bräsig rumdösen am Pool. Hier wird richtig losgelegt.

Hier knackt das Knie, hier bebt die Lunge!

Wer etwa auf La Palma wandert, latscht nicht geradeaus auf irgendwelchen Spazierwegen. Nein, der geht berghoch. Kaum eine der unzähligen Wandertouren weist Höhenunterschiede unter 500 Metern aus. Das muss man wissen. Die Belohnung für die oft schweißtreibenden Touren sind grandiose Ausblicke und atemberaubende Landschaften. Und das, ohne alle zehn Sekunden auf irgendeine andere Nase aus Deutschland zu treffen. Das hat ja auch was. Sie sollten unbedingt ein kleines Haus über den Verbund

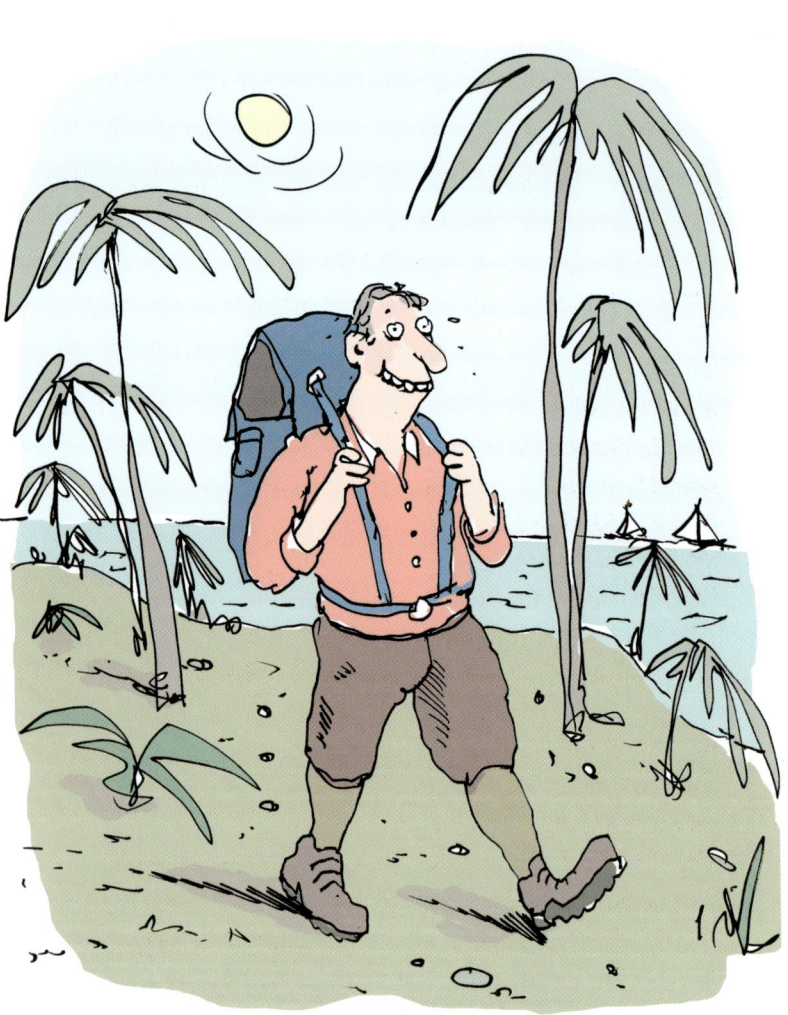

»turismo rural« mieten (einmal googeln, und dann haben Sie das).
Diese Häuser sind dezent restaurierte alte Fincas in ländlichen Regionen, in denen man prima wohnen kann und seine Ruhe hat. Meine
Frau und ich waren bisher dreimal auf La Palma, und es hat uns fast
jedes Mal gefallen.

Wohnen sollte man auf La Palma irgendwo zwischen den Orten
Tijarafe, Tacacorte und Los Llanos, im westlichen Teil der Insel. Hier
ist es schön, es gibt bei Tacacorte auch einen recht ordentlichen
Strand. Von dieser Gegend aus kann man wunderbar alles erobern
und hat es auch nicht weit zum beeindruckendsten Ort der Insel: der
grandiosen gigantischen Caldera-Schlucht. Zum Eingewöhnen kann
man erst einmal einen Spaziergang um La Cumbrecita am Rand der
Caldera machen. Da sind die Höhenunterschiede noch nicht ganz
so krass.

Aber dann sollte man unbedingt die klassische Tour ins Herz der Caldera wagen.

Hierzu fährt man mit seinem Mietwagen zu einem Parkplatz (schon
recht abenteuerlich) und lässt sich dann mit speziellen Taxis über
einen Höhenpass zum Ausgangspunkt der Wanderung bringen. Und
dann geht es los. Hinab durch Urwälder, über Bergkämme bis zu
einer Rangerstation und schließlich durch die Schlucht zurück zum
Parkplatz. Das geht aber nur bei gutem Wetter, denn nach starken
Regenfällen verwandelt sich das Rinnsaal am Boden der Schlucht in
einen reißenden, tödlichen Fluss, der mitten zwischen steilen Felsen
hindurchrast. Nach dem Tod einiger Wanderer vor ein paar Jahren
sind die spanischen Behören hier übervorsichtig geworden und
schließen die Schlucht schon, wenn einer eine zu feuchte Aussprache
hat.

Erwähnt werden muss hier noch die schweißtreibende, aber herrliche Klippenwanderung von Puerto Tazacorte zum Mirador El Time, die von unten für jeden Menschen mit Höhenangst echt schlimm aussieht, sich aber als machbar entpuppt.

Auch die Tour durch den Urwald-Barranco von La Galga zum Mirador de la Somada Alta durch Nebelurwälder ist eine Offenbarung, und dann muss hier schlussendlich auch noch die Wanderung von Las Tricias zu den Cuevas de Buracas erwähnt werden. Sie dauert circa zweieinhalb Stunden und bietet neben riesigen, beeindruckenden Drachenbäumen noch eine ganz besondere Überraschung, nämlich ein Bio-Café inmitten der Wildnis, das von einer älteren Aussteigerin geführt wird, die junge Leute dort gegen Kost und Logis im Service arbeiten lässt. Alles dort wirkt recht freakig und wie mit einer Zeit-

BIN FÜNFZEHN STUNDEN VOR ABFLUG AM FLUGHAFEN GE-WESEN, UM DIESEN FLUG NOCH ZU KRIEGEN.
DIE FLUGZEIT BETRÄGT HEUTE 15 MINUTEN.

maschine aus den 70ern herübergebeamt. Man sitzt auf Sperrmüll-
möbeln, kann hervorragend biodynamische Kuchen, Salate und
belegte Brote essen und stundenlang aufs Meer hinabblicken. Einfach herrlich. Man sollte sich allerdings Zeit für eine Pause dort nehmen. Man kann den kellnernden Hippies nämlich beim Bedienen
locker die Schuhe besohlen. Aber, wie heißt es doch so schön? In der
Ruhe liegt die Kraft!

»Da, ein Bär! Boah, ist der groß!«

MIT DEM WOHNMOBIL DURCH KANADA

Wenn Sie der Typ Urlauber sind, der Hummeln im Arsch hat, der ständig neue Eindrücke braucht, nicht gern lange an einem Ort hockt oder bräsig am Strand brät – da hab ich was für Sie. Den definitiven Erlebnisurlaub mit ständigem Ortswechsel.

Ideal für uns alte Säcke, denn dieser Aktivurlaub bietet eine angenehme Mischung aus Action und »Nur-so-Sitzen«.

Also, jetzt mal zur Sache: Ich meine, nein, ich empfehle nachdrücklich einen Wohnmobilurlaub in Kanada. Zusammen mit der Gattin. Das haben meine Frau und ich zweimal gemacht: einmal in jungen Jahren (Mann, sah ich da noch gut aus) und einmal im Sack-Alter. Und da war's immer noch super.

Den Flug und ein Wohnmobil (von spartanisch bis »fahrende Eigentumswohnung«) kann man bequem von hier über spezialisierte Reiseveranstalter buchen. Einmal »Kanada reisen« bei Google eingegeben, und man hat jede Menge zur Auswahl. Wir hatten uns beide Male für einen vierwöchigen Trip nach Westkanada entschieden, sind bis

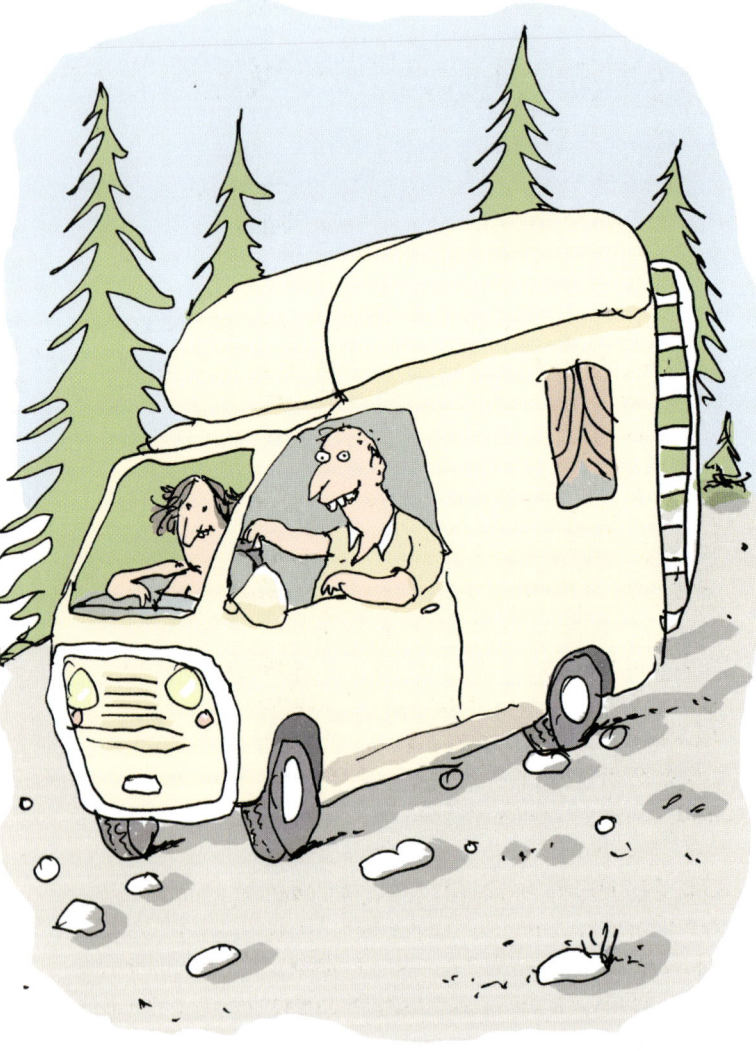

Vancouver geflogen und von da mit einer Fähre auf die Insel Vancouver Island gefahren. Beim ersten Mal sind wir nach dem Inselbesuch wieder aufs Festland zurückgekehrt und dann noch durch die Rocky Mountains gebrettert. Die Entfernungen sind dort unten allerdings so groß, dass wir diese Entscheidung am Ende bereut haben, weil wir Stunde um Stunde im Auto gehockt haben, bis wir endlich den nächsten Campground erreichten. Die Insel Vancouver Island ist groß und abwechslungsreich genug und bietet alles, was man braucht für einen Westkanada-Trip: Strand, Wald, Berge, Tiere, Seen – und Bären. Aber dazu später mehr.

Nach der Landung in Vancouver sollte man eine Nacht in einem Hotel verbringen, damit man dann am nächsten Tag ausgeruht und ohne Stress sein Wohnmobil abholen und sich einweisen lassen kann. Ich rate dringend, eine Axt und Campingstühle dazuzumieten. Das haben wir nicht gemacht und es später bitter bereut.

Die Axt braucht man zum Zerkleinern des Feuerholzes, das man auf allen staatlichen Campgrounds bekommt – aber oft in so großen Stücken, dass wir mächtig Mühe hatten, die Scheite in der Größe von Militärgranaten anzuzünden.

Und die Campingstühle sind wirklich ein Segen, wenn man auf seinen Rastplätzen in den Wäldern gemütlich in der Sonne sitzen will und nicht nur auf den schönen, aber unverrückbaren Holzbänken samt Tisch, die zum Standard jedes Campgrounds gehören. Zumindest jedes staatlichen. Nur die empfehle ich Ihnen wirklich. Meiden Sie private Campingplätze. Sie sehen es schon bei der Anfahrt: Die sind meist unattraktiv, doof gelegen und haben den Charme von Trailer-Parks. Die »National Campgrounds« aber liegen meist in wun-

derbaren, malerischen Wäldern, außerdem hat man genug Platz für sich und muss dem Nachbarn nicht beim Abführen zuhören.

Es ist einfach wahnsinnig toll, da mit seinem Wohnmobil inmitten der Natur zu campen, sich abends was zu kochen und dann am Lagerfeuer zu essen.

Tagsüber kann man wunderbar wandern, baden, Kanu fahren und an der Pazifikküste Wale beobachten. Da das hier kein Reiseführer ist, will ich mich jetzt zügeln und nur noch kurz ein paar Namen von Orten nennen, die Sie auf Vancouver Island nicht verpassen sollten:

➼ Goldstream Provincial Parc (toller Wasserfall, bemooste Bäume, guter Trail)

➼ Qualicum Falls (klasse Trail)

➼ Sproat Lake (Kanu fahren, gutes Baden)

➼ Die Pacific-Rim-Küste (viele verschiedene Trails, Whale-Watching, malerisch)

So, jetzt wollte ich aber noch etwas zum Thema Bären sagen. Soll ja bei allen Reisetipps auch noch mal spannend werden. Also Bären gibt es da recht häufig, und wir hatten auch tatsächlich unheimliche

Begegnungen der dritten Art mit ihnen. Einmal brach zehn Meter vor uns ein Braunbär aus dem Unterholz, latschte seelenruhig über den Wanderweg und verschwand wieder im Dickicht.

»Boah, ist der groß«, murmelte ich.

Diese Begegnung war beeindruckend, aber nicht ohne Thrill, sage ich Ihnen. Meine Frau fand das vor allem spannend und aufregend. Ich aber, als geborener Verschwörungstheoretiker, hatte nackte Angst empfunden. Denn ich wusste: Selten, aber doch immer wieder mal kam es hier in Kanada auch zu Attacken von Bären auf Menschen. Zwar meinte ein Einheimischer zu mir, die Opfer solcher Angriffe seien vor allem dämliche Touristen, die sich falsch verhielten, wenn sie auf Bären treffen würden. Aber das war es ja eben: Wie verhält man sich denn nun richtig?

Das musste ich wissen. Ich recherchierte vor Ort im nächsten Internetcafé und wurde kurzerhand zum Experten. Also, der Reihe nach: Mal angenommen, Sie wandern in der Wildnis. Paradiesische Stimmung. Da kracht und knackst es links von Ihnen, und aus dem Unterholz bricht ein etwa 300 Kilo schwerer, über zwei Meter großer Bär hervor, betritt den Wanderweg und bewegt sich auf Sie zu. Was tun Sie? Weglaufen? Tja, dann gute Nacht. Denn in der Sprache dieser Tiere heißt das: »Hey, ich bin lecker Mittagessen. Follow me!« Und eines ist klar: Der Bär ist immer schneller als Sie. Wenn er will, kann er Sie stellen, tothauen und essen. Was also tun?

Tja, da gibt es viele nützliche Tipps, die recht einfach umzusetzen sind, wenn man etwa eine Flasche Whisky oder eine Packung Valium intus hat. Allerdings müssen Sie dafür erst einmal eine kleine Artbestimmung durchführen. Die Frage ist nämlich: Welcher Petz steht da vor mir? Habe ich Ärger mit einem Braunbären? Oder ist ein Schwarz-

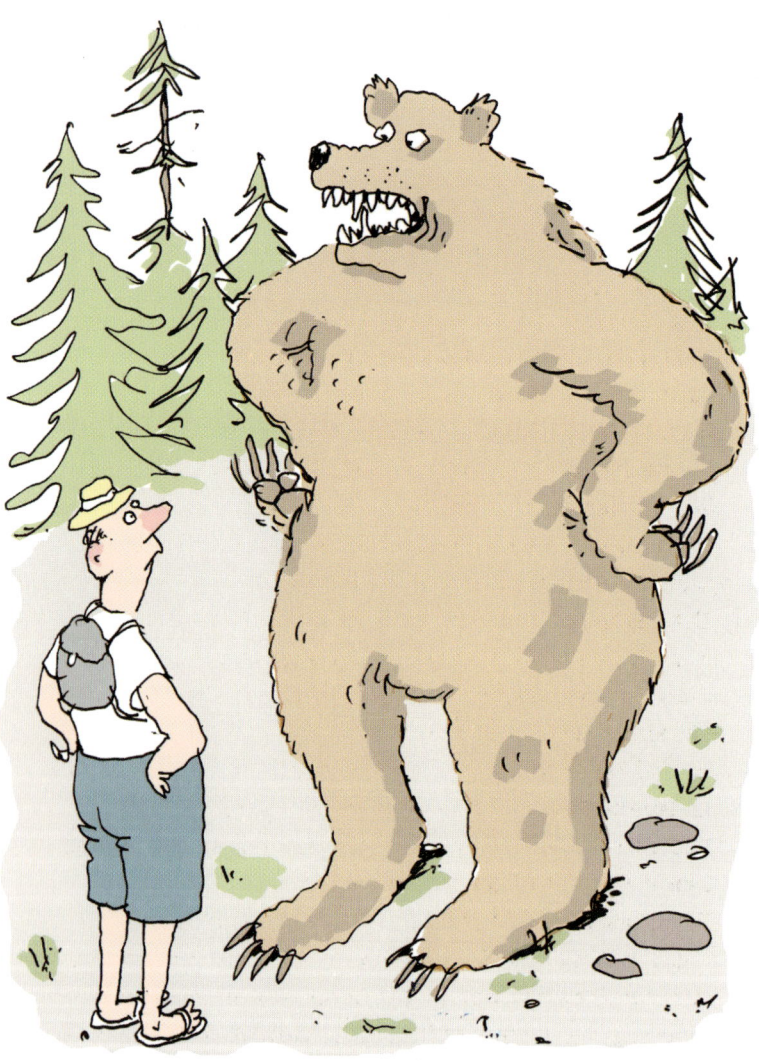

bär uncool drauf? Ein Schwarzbär (überraschenderweise meist schwarz, mit einem länglichen Kopf und ohne Buckel) ist nämlich nicht ganz so ätzend wie der größere, kräftigere Braunbär. Man erkennt Braunbären an ihrem obligatorischen Schulterhöcker, einer eher stumpfen Schnauze und der braunen Farbe. Es gibt aber auch Braunbären, die fast schwarz sind, und Schwarzbären, die eher braun rüberkommen. Aber nicht so oft.

Am besten, Sie bitten den Bären, mal kurz zu warten, und schlagen in einem Bestimmungsbuch nach, wer Ihnen da gleich eine tatzen will.

Steht die Art des Gegners fest, kann gehandelt werden. Vom Wegrennen hatte ich Ihnen ja schon eindringlich abgeraten. Ist aber ein Baum in der Nähe, kann diesem Impuls durchaus mal nachgegeben werden. Wenn Sie es bis zu einem schaffen und schnell genug hochklettern, sind Sie in Sicherheit. Aber nur bei Braunbären. Schwarzbären können astrein klettern und holen einen gleich wieder runter. Kann man nun also einem Braunbären auf einer Eiche hockend den Stinkefinger zeigen?

Ein klares Jein ist die Antwort. Denn nur große, schwere Braunbären klettern nicht. Die »kleineren« schon, wie ich in einem Bericht über eine Joggerin namens Isabelle Dubé las. Diese Dame floh vor einem 90 Kilo schweren, angreifenden Grizzly (gehört auch zu den Braunbären) auf einen Baum. Der Bär stieg hinterher, holte sie wieder zur Erde und beendete ihr 36-jähriges Leben auf unangenehme Weise. Im Übrigen sollte der Fluchtbaum auch einen ausreichend dicken Stamm haben. Manche Grizzlys schütteln sich sozusagen gern einen von der Palme. Also: Bestimme die Art *und* das Gewicht des Bären, so du ihm begegnest.

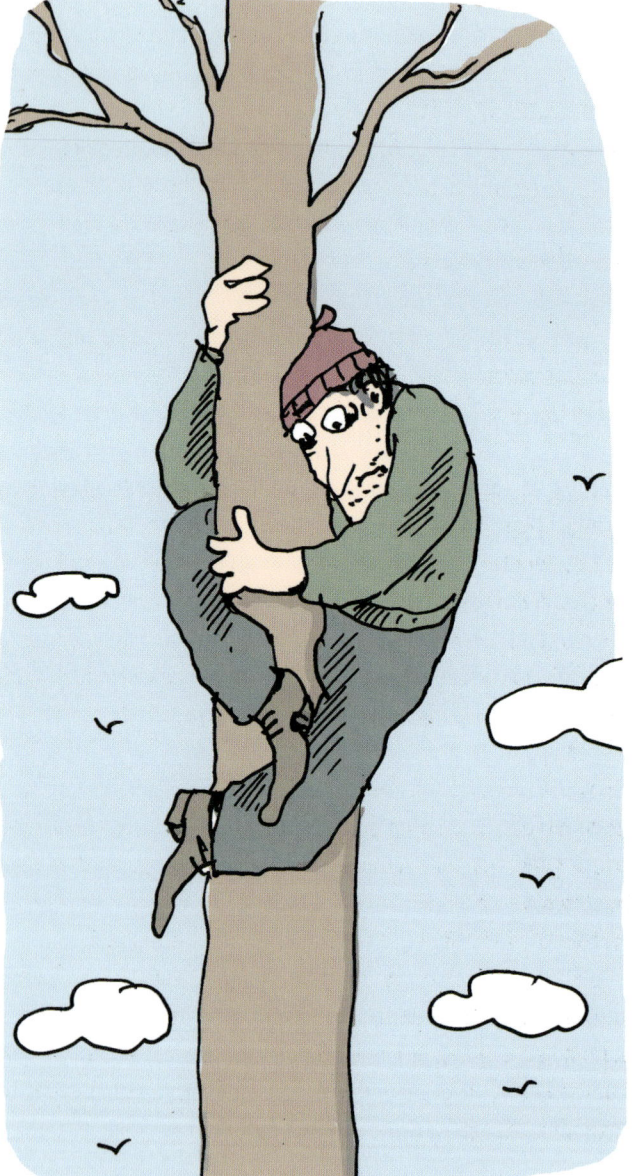

Wenn nun kein geeigneter Baum in der Nähe oder der Bär nicht fett ist, muss gehandelt werden.

Und zwar müssen Sie das Tier nun vollquatschen.

»Sprechen Sie mit dem Bären«, sagt der Alaskaexperte Walter Steinberg. »Zeigen Sie ihm, dass Sie ein Mensch sind.« Und der Text? Egal! Hauptsache, Sie sprechen mit lauter, fester Stimme. Singen ist auch gut. (»She Loves Me, Bäär, Bäär, Bäär!« könnte gut kommen.) Aber damit nicht genug. Während Sie das stattliche Raubtier besingen, müssen Sie sich nun auch größer machen, als Sie sind. Heben Sie die Arme und winken Sie. Die Macher der Internetseite »Bikefreaks.de« raten zudem, die Hände auf die Hüften zu legen (die eigenen, versteht sich) und die Ellbogen nach vorn zu strecken. Dies suggeriere dem Bären, sein Gegenüber sei breiter als er selbst. Die »Bikefreaks« raten aber davon ab, »andere Tiere zu imitieren«. Dies würde den Bären irritieren. Ich halte dies für einen wichtigen Hinweis, auch ich würde bei einer Bärenbegegnung womöglich den sofortigen Impuls verspüren, einen Flamingo oder Schwarzstorch pantomimisch darzustellen.

Okay, also Singen und Größermachen. Und nach allem, was die Experten wissen, müssten nun – egal, ob brauner oder schwarzer – fast alle Bären das Weite suchen, weil sie nämlich eigentlich überhaupt keinen Bock auf Menschen haben. Wie gesagt: *fast* alle! Einige Bären greifen trotz der humanen Performance an. Und nun hilft uns wieder unser Bestimmungsbuch. Greift ein Schwarzbär an, heißt es: zurückschlagen. »Leisten Sie Widerstand«, rät die kanadische Internetseite »Yukonjack«. »Gebrauchen Sie alles, was Sie besitzen, als Waffe: Stöcke, Steine, Hände, Füße. Entschlossene Verteidigung ist die beste Methode, einen Schwarzbären in die Flucht zu schlagen.«

Auch der Einsatz von Pfefferspray hat schon bärenstark geholfen. »Wobei«, so raten die mit allen Wassern gewaschenen »Bikefreaks«, »darauf zu achten ist, dass kein Wind von vorne weht.«

Gut, der Schwarzbär kriegt also auf die Fresse! Und was ist, wenn ein Braunbär angreift? Gar ein riesiger Grizzly? Nun ja, hier hilft nur eines – tot stellen. »Lassen Sie sich auf den Boden fallen«, rät Walter Steinberg, »legen Sie sich flach auf den Bauch, oder rollen Sie sich zur Kugel. Legen Sie die Hände zum Schutz in den Nacken. Bleiben Sie passiv, bewegen Sie sich nicht. Wenn der Bär sich nicht mehr bedroht fühlt, lässt er normalerweise von Ihnen ab.« Normalerweise? »In extrem seltenen Fällen«, schränkt Steinberg zerknirscht ein, »kann ein Bär Sie als Beute betrachten.«

Weiter wollen wir uns das hier nicht ausmalen. Und wenn es doch mal zum Äußersten kommt und Sie das Ganze überleben – dann soll Ihnen das Schicksal des russischen Försters Jewgenij Sewerin Mut machen. Der hat nach einer Bärenattacke und einigen unerfreulichen Jahren schließlich in einer Schweizer Klinik ein neues Gesicht bekommen. Geht doch!

So weit die Füße tragen

Ich habe in meinem ganzen Leben nie eine Urkunde bei den Bundesjugendspielen bekommen, keine große und auch leider keine kleine. Jetzt aber habe ich so was Ähnliches. Ich habe ein schönes Dokument, das bestätigt, dass ich den so genannten »Wildnistrail« im Nationalpark Eifel geschafft habe, eine richtig schöne Urkunde mit Stempel und einem lustigen Tierkopf drauf. Mann, bin ich ein stolzer Sack!

Dieser Wildnistrail ist eine Vier-Tages-Wanderung mit zu bewältigenden Entfernungen zwischen 18 und 25 Kilometern. Meine Frau und ich hatten uns dazu entschlossen, weil uns das Wandern auf La Palma so viel Spaß gemacht hatte.

Wir begannen, im eigenen Land nach guten Wandertouren zu suchen.

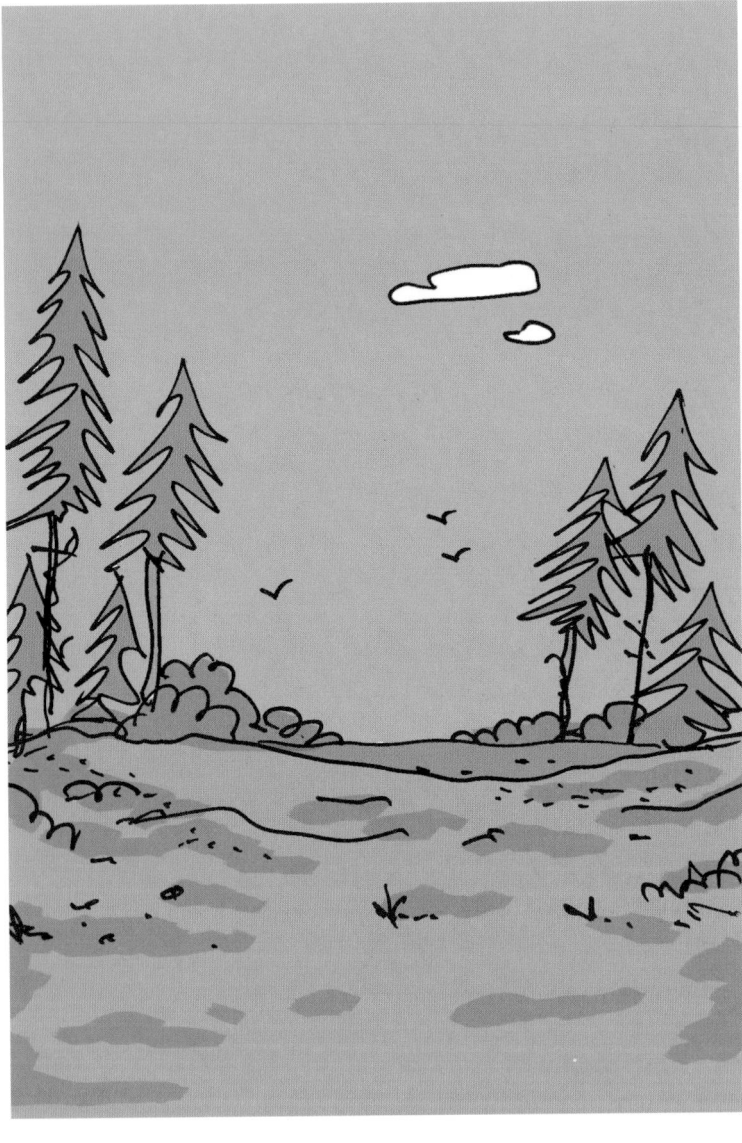

Der Wildnistrail klang recht pittoresk, ein bisschen abenteuerlich und irgendwie ganz nett, und in der Eifel waren wir außerdem noch nie gewesen, die kannten wir nur als düstere, mysteriöse und gewalttätige Gegend aus den Eifelkrimis von Jacques Berndorf. Mit Axt-Morden und so.

Wir buchten also bei der Rursee-Touristik-GmbH den Wildnistrail — mit Gepäckservice! Total klasse. Man sucht sich Hotels oder Gasthäuser auf den verschiedenen Etappen vorab aus, und das Gepäck wird dann morgens abgeholt und schon mal ins nächste Gasthaus geschafft, so dass man abends, wenn man erschöpft ins Hotel torkelt, all sein Zeug schon auf seinem Zimmer hat.
Unser Startpunkt war das Nationalparktor in Höfen, dort gibt man sein Gepäck ab und wandert los.

Am ersten Tag muss man fast 25 Kilometer wuppen. Im Sackalter braucht man dazu etwa sieben Stunden und kommt dann abends ziemlich kaputt in seinem ersten Quartier in dem wunderbar klingenden Ort Einruhr an.

Die Tour ist schon recht nett, man spaziert durch Wälder und Auen, aber ein bisschen ist das Ganze auch eine Mogelpackung, denn Wildnis ist beim Wildnistrail tatsächlich eher selten. Man sieht immer mal eine Straße, einen Bauernhof und latscht auch mal auf asphaltierten Wegen — kurz: Es klingt abenteuerlicher, als es wirklich ist. Aber am dritten Tag ging es ordentlich hoch auf schöne Bergwiesen, und das war doch recht malerisch. Allerdings habe ich mich dabei eine Terz übernommen und lag irgendwann japsend und mit Muskelschmerzen auf einer Wiese. Ich dachte: »Jetzt komme ich nicht mehr zurück.« Das musste ich aber, denn da oben gab es keinen Bus

und auch kein Taxi. Ich bin dann eine ganze Zeitlang wegen akuter Muskelverhärtung in den Oberschenkeln rückwärts gegangen, was meine Frau fast in den Wahnsinn getrieben hat, wohl auch ziemlich bescheuert aussah und mir im Übrigen auch noch eine Achillesfersenreizung eingebracht hat. Irgendwie habe ich es aber ins nächste

Quartier geschafft, mich da in die Badewanne gelegt, und dann ging es allmählich auch wieder.

> **So ein alter Sack regeneriert ja doch schneller, als man gemeinhin denkt.**

Das Schöne an dieser Form von Urlaub ist, dass man ja nicht so recht weiß, was bei diesen Wanderungen auf einen zukommt, es ist irgendwie dezent abenteuerlich, aber eines ist ja sicher: Abends, wenn man an seinem Ziel ankommt, hat man sein Zimmer und sein Gepäck, kann duschen und essen und sich einen schütten, wenn man möchte.

> **Herrlich! Man reist halt so wie vor vielen hundert Jahren die Menschen in diesem Land, zu Fuß, hat viel Zeit zu reden und ist in der Natur.**

Mir hat das alles in allem sehr gut gefallen. Und etwa 20 Kilometer am Tag zu gehen, das ist auch schon für jeden alten Sack eine echte Herausforderung, es sei denn, er ist wahnsinnig fit. Was man auf diesem Weg ja prima werden kann!

Ein Erlebnis – ich glaube, es war in dem Ort Gemünd – ist mir auf dieser Tour ganz besonders im Gedächtnis geblieben. Ich saß mit meiner Frau in einem Restaurant, und wir konnten auf den Parkplatz eines Hotels hinabblicken. Dort kam gerade ein Reisebus an, gefüllt mit Rentnern. Er hielt etwa zehn Meter vor dem Eingang, und dann geschah nichts, niemand stieg aus. Wundersam! Aber immerhin bewegte sich drinnen etwas. Die freundlichen alten Leute waren alle dabei, aus den Gepäckfächern ihr Zeug runterzuholen, wuselten rum,

wühlten in ihren Koffern, durften aber offensichtlich noch nicht aussteigen.

Dann öffnete sich die Tür, und der Beifahrer, vermutlich der Reiseleiter, stieg aus. Aus dem Hotel kam ein Mann herbeigeeilt, ganz offenbar der Hotelbesitzer, umarmte den Beifahrer, es wurde diskutiert und gestikuliert, und beide freuten sich. Die alten Leute blieben brav sitzen. Der Hotelbesitzer stieg dann mit dem Reiseleiter in den Bus, sie stellten sich vorne neben den Fahrer, der gab dem Hotelbesitzer ein Mikro, und der hielt ganz offenbar eine Willkommensansprache, nach der die Rentner auch brav klatschten.

Immer noch stieg niemand aus. Im Bus mussten jetzt etwa 40 Grad sein.

Dann eilte ein Hotelbediensteter mit einem großen Korb herbei, in dem die Zimmerschlüssel der armen Alten lagen. Die wurden dann im Bus vom Hotelbesitzer und dem Reiseleiter an die alten Menschen verteilt, die es sich erneut auf ihren Plätzen »gemütlich machten«. Immer noch stieg niemand aus. Es wurde immer bizarrer. Das Personal des Hotels hatte ganz offensichtlich keine Lust, dass sich die alten Leute in der Lobby herumdrängelten oder vielleicht auch mal ausbüxten. Also mussten sie wie in einem Gefangenentransport im Bus sitzen bleiben und warten, bis alle ihren Zimmerschlüssel hatten, und erst dann öffneten sich die Türen, die Rentner stiegen aus, bildeten einen Halbkreis, warteten brav, bis der Busfahrer ihr Gepäck ausgeladen und verteilt hatte, und gingen erst dann in Richtung Hotellobby. Ein wirklich sonderbarer, mich nachdenklich stimmender Anblick. Ich beschloss, niemals im Leben so eine Bustour zu machen, wo schon allein die Ankunft in einem Hotel brutaler Freiheitsberaubung gleichkommt.

Ein Wort noch zur Eifel. Es ist schon ganz nett da, es gibt wunderbare malerische Örtchen und schöne Natur. Insgesamt hat aber die Eifel, so wie wir sie erlebt haben, etwas Verknorztes, Verdrucktes. In den Städten ging nicht so richtig der Bär ab, holzgetäfelte Restaurants, Gelsenkirchener Barock, Schwarzwälder Kirsch und überaus reichhaltige Verpflegung à la: »Käseschnitzel mit Sauce béarnaise und Pommes frites«, einer Kalorien- und Fettbombe, die unsere gesamte Familie etwa vier Wochen hätte ernähren können.

Trotzdem kann ich diesen Wildnistrail durch den Nationalpark Eifel allen alten Säcken empfehlen, denn es hat einfach total Spaß gemacht, ohne großes Gepäck durch diese Landschaft zu wandern.

Es fordert, aber überfordert nicht. Und das ist ja – sacktechnisch gesehen – genau das Richtige für uns.

Und manchmal, wenn wir Gäste haben, hole ich meine Urkunde aus dem Schreibtisch, zeige sie allen und sage: »Schaut mal, Leute, da haben Gesa und ich dieses Überlebenstraining gemacht, wir beide nur mit leichtem Gepäck allein zu Fuß durch die Wildnis. Das war schon hart, aber hinterher ist man ja doch stolz.«

Urwald satt

Sie werden es schon bemerkt haben: Ich bin ein Fan von National-
parks. Und das mit vollem Recht, wie ich finde. Denn in der Natur
können wir Säcke zur Ruhe kommen. Bäume, Seen und Wälder und
das Beobachten balzender Bartmeisen erfüllen uns mit tiefer Gelassenheit und erden uns. Überzeugen Sie sich selbst, falls Sie mich für
einen Stuss labernden, fusseligen Ökospinner halten (der ich zweifel-
los bin!). Das eigene Land hält ja viele solcher natürlicher Ruhe-
punkte bereit. Darunter auch exotisch anmutende.

Ich habe in einem anderen Kapitel von der malerischen Insel La
Palma geschwärmt. Die Gegend in Deutschland, die der wirklich ein-
maligen Landschaft dort am nächsten kommt, ist für mich das Elbsandsteingebirge in der Sächsischen Schweiz. Meine Frau und ich
sind dort ausgiebig gewandert und waren hin und weg.

**Bizarre Felslandschaften, verwunschene Wälder, erha-
bene Tafelberge und das malerische Elbtal, das nur
30 Kilometer von Dresden entfernt liegt, haben uns
echt umgehauen.**

Ich rate zu einer Wanderung zur so genannten »Bastei« mit atembe-
raubendem Ausblick auf das Elbtal, ich fordere Sie auf zu einer Tour
zu den »Bärensteinen« und dann zum Rauenstein, wo man echt steile

Metalltreppen und schmale Abstiege inmitten dichter Wälder hinter sich bringen muss. Das ist echt Indiana-Jones-mäßig, ich sage es Ihnen. Einzig die recht spießigen Örtchen in dieser Gegend mit etwas ollen Hotels und steifen Kellnern trüben den positiven Gesamteindruck etwas. So was richtig Nettes zum Wohnen haben wir dort nicht gefunden. Wir waren mal eine Woche in der Stadt Wehlen, aber Wehlen würden wir nicht wieder wählen. Riesengag, nicht wahr? Aber was soll's? Man ist dann ja immer schnell wieder im Wald und vergisst sofort den morbiden Charme von »Pension Sonnenglück« oder »Haus Hirsch«.

Und wenn man Kultur und gutes Essen will, ist Dresden ja in null Komma nix erreicht.

Also, wir werden zurückkehren ins Elbsandsteingebirge und dort mit neuen Wanderschuhen und einem fröhlichen Lied auf den Lippen ins Grüne latschen. Ich zitiere hier beschwingt aus dem Lied »Auf, du junger Wandersmann«:

> »Morgens wenn der Tag angeht
> und die Sonn' am Himmel steht
> so herrlich rot wie Milch und Blut:
> Auf, ihr Brüder, lasst uns reisen,
> unserm Herrgott Dank erweisen
> für die fröhlich' Wanderzeit
> hier und in die Ewigkeit!«

Und erlaube mir, eine eigene Strophe hinzuzufügen:

> Auf du alter Wandersack,
> Hinaus mit dir mit Sack und Pack.
> Die Wampe muss den Muckis weichen,
> Noch sind wir fit und keine Leichen.
> Spürst du die Kraft in Herz und Lenden?
> Wo soll die Fitness denn noch enden?
> Kriegst du – man ahnt es hier jetzt schon –
> Gar wieder eine Erektion?

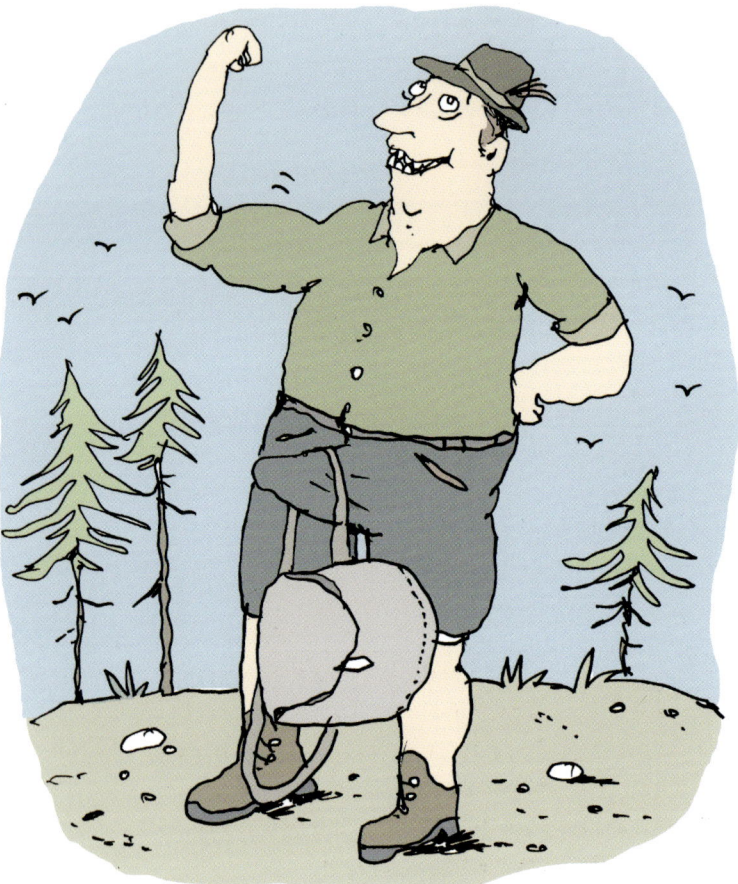

Der Sinn des Segelns

EIN GASTKAPITEL VON SKIPPER

JAN JEPSEN

Es hat sich schon in meinem Buch »Alter Sack, was nun?« bewährt, Kollegen über die Alter-Sack-Themen schreiben zu lassen, von denen ich nichts oder wenig verstehe. Seinerzeit war es Stephan Bartels, der über das Problem »Gewicht und Abnehmen« gar vortrefflich philosophierte. Was mir schwergefallen wäre, da ich ein dünner Hering bin.

In diesem Buch wird den Fremdjob mein guter Freund Jan Jepsen übernehmen. Jan ist Schriftsteller und Fotograf und zudem ein begnadeter Segler. Er selber und viele andere Menschen preisen immer wieder das Segeln und wie gut das gerade alten Säcken täte. Jan will mich auch immer wieder auf einen Törn mitnehmen. Bisher haben wir das aber noch nicht geschafft. Tja, also ich habe praktisch keine Segelerfahrung, Jan jede Menge. Hier ist nun seine Eloge aufs Segeln.

Hatte ich schon erwähnt, dass er manchmal dazu neigt, Gemeinheiten über mich zu verbreiten? Nicht? Dann mache ich es jetzt. Also: Obacht!

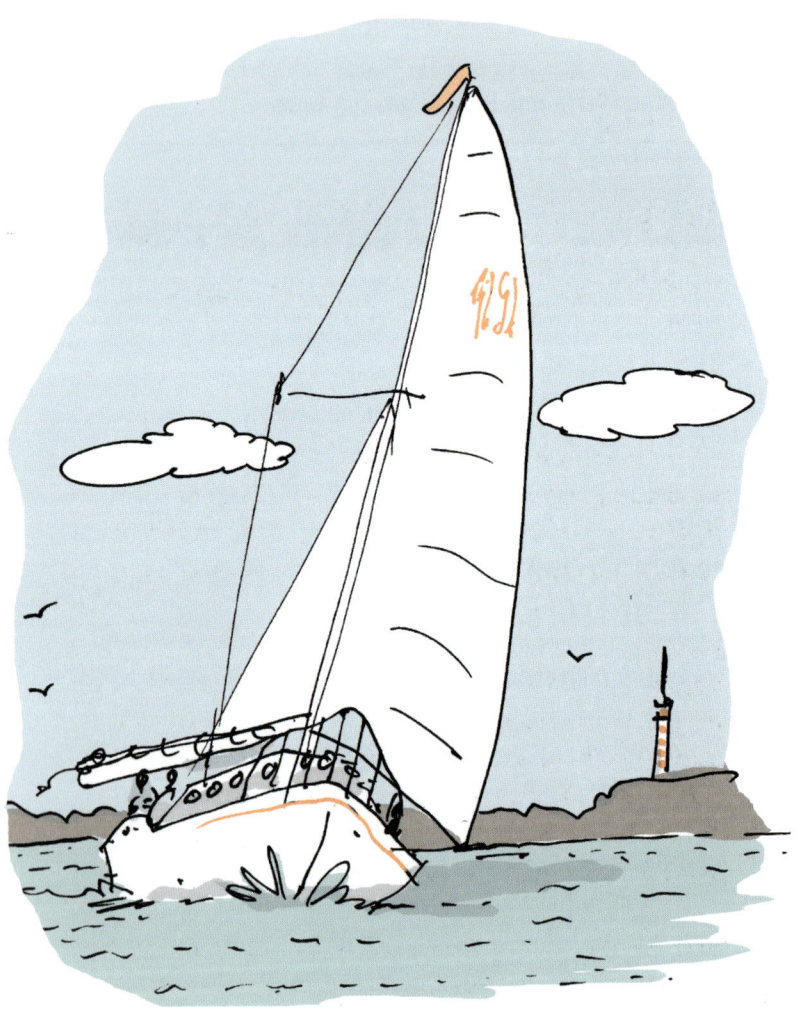

DER SINN DES SEGELNS
oder

Was Sie schon immer über Herrn Schlenz wissen *wollten* und wahrscheinlich nicht wissen *sollten*

Er ist nicht gerade das, was man einen Hasardeur oder Adrenalinjunkie nennt. Herr Schlenz ist genau das Gegenteil, ein vorsichtiger, tendenziell übervorsichtiger Mensch. Er macht jedenfalls kein großes Geheimnis draus, dass er kein Faible für Freeclimbing, Bungeejumping, Fallschirmspringen und sogar Segeln hat (lauter Selbstmordsportarten für ihn).

Wenn ich ihn frage – und das tue ich oft: »Na, Kessi, du Raubein, wollen wir segeln gehen?«, kommt sofort die Gegenfrage wie bei einem Karate-Selbstverteidigungskurs: »Klingt gut, Alter. Wann? Wo?«

Als ob ihn das interessieren würde.

Herr Schlenz heuchelt dann jedes Mal – ein gewisses, rein theoretisches Interesse vor. Schon aus Höflichkeit, nehme ich an.

Objektiv betrachtet ist es ja ein nettes Angebot, wenn jemand mit einem segeln gehen will. Subjektiv, schlenzig sozusagen, bedeutet es Stress. Daher sage ich dann, kein Witz: Seychellen, Karibik, Neuseeland, Sardinien, Madagaskar, Kreta, Kuba, Korsika, Lofoten, die Åland- oder Äolischen Inseln. Solche Sachen. Lauter Vor- und Außenposten des Paradieses, wenn man mich fragt. Jeder halbwegs normale Mensch würde schon beim Klang Fernweh vom Feinsten, einen Sonnenstich der schönsten Art bekommen.

Warum sonst sollte er fragen: »Und sieht man denn da auch immer Land?«

Können Sie mich stöhnen hören?

Vielleicht war es ein Fehler, dass ich mal gesagt habe: »Nein, Kessi, tut man nicht. Jedenfalls nicht die ganze Zeit. Und das ist auch gut so.«

Als kreativer, kulturschaffender, phantasiebegabter Mensch denkt Herr Schlenz sofort an was weiß ich: Titanic, Der weiße Hai, Fluch der Karibik, Der Schwarm, Der Sturm, Mobby Dick, Käpt'n Ahab, Der fliegende Holländer, Die Pest an Bord, Tsunamis, Riesenkraken, Killerwale, The Deep Blue. Und selbst wenn er das nicht tut: Ich kann fast spüren, wie sich eine Frage in fettgedruckten Bildbuchstaben hinter seiner Stirn formiert: Im Zweifelsfalle würde es also selbst ein Michael Phelbs oder Franzi von Almsick nicht ans Ufer schaffen. Ich hake also nach: »Also, was ist jetzt, Kessi. Ja oder ja!?«

Die Antwort ist stereotyp. Herr Schlenz blättert in seinem Terminkalender oder tut zumindest so: »Warte mal, ich gucke gerade, wann genau ... Juni? Ach, sorry, geht nicht, weil ...«

Es kling nach Erleichterung. Als hätte er die rettende Insel erreicht. Herr Schlenz schiebt dann irgend-

welche drittklassigen Ausreden und wurmstichigen Gründe vor.
Und zwar: Fährt er mit der Familie nach La Palma – wandern. Hat
er große Themenkonferenz beim *Stern*. Baut er einen neuen Teich im
Garten. Muss er sein Buch fertig schreiben. Hat Henri (sein ältester
Sohn) einen Chorauftritt. Feiert die Schwägerin in New York Geburtstag. Muss Herr Schlenz zur Fußpflege. Oder was weiß ich. Ich weiß
nur, dass die Wurzel aller gesammelten Antworten und Ausreden
stets lautet: »Nein, danke.«
Ich denke mir dann meinen Teil, nämlich: Selbst schuld bzw. jammer-
schade, Herr Schlenz.

**Du weißt nicht, was dir entgeht, Mann. Segeln ist so
ziemlich das Größte, was Männer im besten und selbst
im zweitbesten Alter machen können.**

Gerade, wenn man, was die Brutpflege betrifft, aus dem Gröbsten
raus ist. Wenn die Frau weise oder genervt genug ist, ihren Mann mal
wieder allein ziehen zu lassen. Einmal Vatertag ist nämlich zu wenig.

**Männer brauchen Männer. Und Männergespräche.
Kumpels und Kameraden um sich. Mitstreiter und Mitsegler – im Kampf mit den Elementen.**

Im Zuge der Familiengründung bleiben viel zu viele davon auf der
Strecke. Mit fünfzig ist, finde ich, ein gutes Alter erreicht, um sich
zur Abwechslung auch mal am Busen der Natur zu laben. Man
ist noch fit genug, um an den Schoten zu zerren, die Segel dichtzu-
holen, bei Windstärke sechs eine Suppe aufzusetzen oder bei sieben
Beaufort unter Deck aufs Klo zu gehen (auch das kann nämlich
sportlich sein). Wie oft soll ich das eigentlich noch sagen?

Damit Herr Schlenz die Segnungen des Segelns endlich kapiert, gebe ich es ihm und Ihnen, hier und jetzt, noch mal schriftlich. Kann ja sein, dass meine maritime Mission so schwarz auf weiß eine überzeugendere Wirkung hat, noch dazu im eigenen Ratgeber! Papier ist außerdem geduldig. Und Gründe fürs Segeln gibt es, wie gesagt, genug.

1. Wasser ist lebenswichtig: 71 Prozent des Planeten, den wir bewohnen, sind mit Wasser bedeckt. Alles Leben kommt aus den Ozeanen. Wir selbst bestehen zu knapp 70 Prozent aus H_2O und haben noch Reste bzw. Rudimente von Schwimmhäuten zwischen

den Fingern. Warum also nicht hin und wieder das Element wechseln und sozusagen Gleiches zu Gleichem gesellen, den eigenen Aggregatzustand wechseln? Den bleiernen Ballast über Bord werfen und seine Befindlichkeit vorübergehend vergolden. Das Leben an Land und damit in der Regel auch alle Sorgen hinter sich lassen.

Nicht von ungefähr kommt das Wort Wellness in Wahrheit von »Welle«.

Wenn man irgendwo die Seele baumeln lassen kann, dann ja wohl im leichten Seegang. Ankernd, in der Hängematte auf dem Vorschiff oder gemütlich in der Koje. Und falls die alte Indianerweisheit stimmt, dass unsere Seele nicht schneller als ein Pferd reisen kann, was ich glaube (ich sag nur Jetlag), dann ist ein Segelschiff die ideale Alternative. Ein Seepferdchen sozusagen, gemütlich die Wellen abreitend. Und ob man im Auto am Steuer oder auf einer Yacht am Ruder sitzt, ist ein Riesenunterschied (man kann zum Beispiel eine Schleppangel hinterherziehen!, und ein Steuerfehler endet selten am Baum). Außerdem ist man ständig an der frischen − o.k., je nach Revier −, auch sehr frischen Luft. Auch die hat noch keinem geschadet.

2. Ach so, und was ist mit Seekrankheit bzw. Shouting for Ralph, wie der Brite sagt? Sie meinen, wenn also die Seele gar nicht erst ins Baumeln kommt, sondern gleich über Bord gekotzt wird? Ein berechtigter Einwand. Vor Seekrankheit ist niemand gefeit. Doch es gibt Mittel: Pillen, Druckarmbänder, Ingwertee, Atemtechnik, Meditation, Pflaster hinters Ohr. Am besten von allem aber hilft ein guter Wetterbericht. Wenn von viel Sonne und umlaufenden Winden die Rede ist, wenn also kaum Seegang herrscht, kann man statt

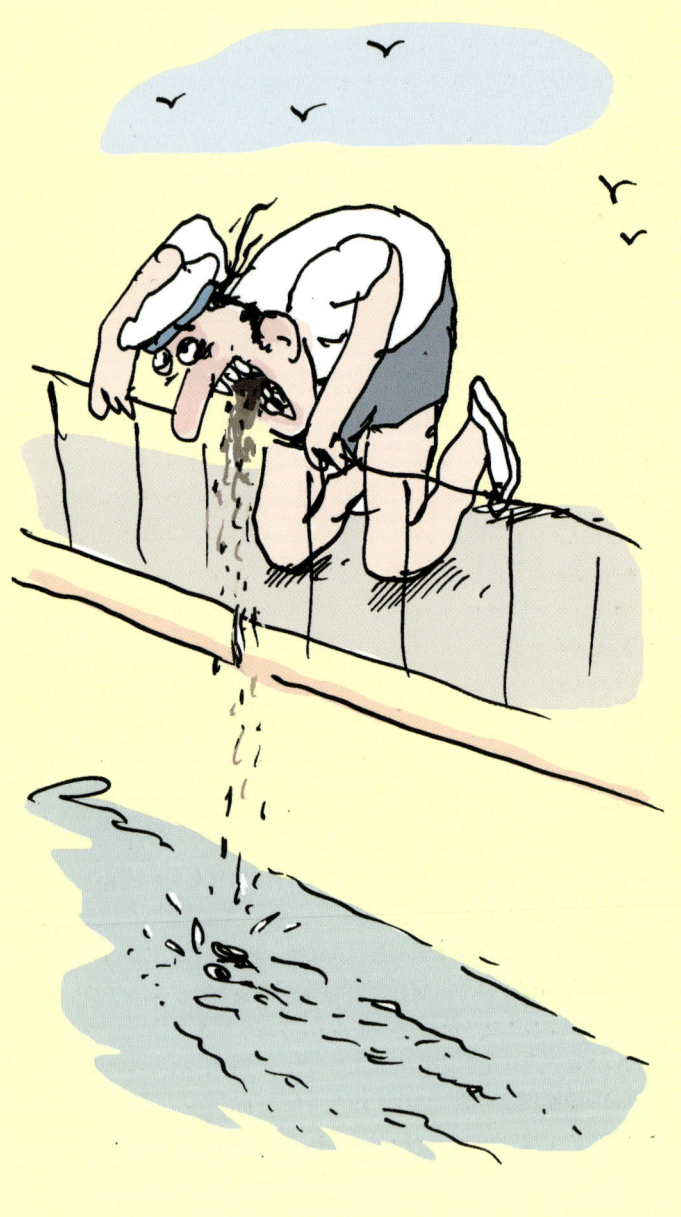

Ölzeug gleich die Badehose anziehen. Mehr Wind dagegen erhöht den Druck in den Segeln und verleiht der Yacht eine halbwegs stabile Seiten- bzw. Schräglage (mehr als bei Motorbooten). Der Fachmann spricht von Krängung. Es gibt Katamarane, die noch stabiler im Wasser liegen.

Ganz entscheidend auch: welches Wasser bzw. Gewässer.

Es ist ein empfindlicher Unterschied, ob man im Südpolarmeer unterwegs ist oder auf der Schlei, Mallorca im Mai oder Neufundland im November.

Und wenn das alles nichts hilft – ganz sensiblen Mägen und Gemütern sei gesagt: Sobald der Hafen erreicht oder der Anker gefallen ist, gehen Spuk und Spucken geradezu gespenstisch schnell vorbei. Ähnlich einer Wunderheilung. Lebensgeister und Hunger kommen wie ein Überfallkommando zurück. Versprochen. Und schön ist's, wenn's nachlässt.

3. O.k., aber was ist mit der Gruppendynamik? Hockt man sich auf einem Schiff nicht zu sehr auf der Pelle? Kurzum, kriegt man keinen Lager- bzw. Kojenkoller? In der Tat, ein Restrisiko bleibt. Der Mensch und Mitsegler als solcher. Die Wahl der Mitmatrosen ist ein wichtiges Kriterium für einen schönen oder schrecklichen Törn: »Wir sitzen alle im selben Boot.« Nirgends trifft dieser Satz mehr zu als beim Segeln. Der Lebensraum ist beengt. Sehr oft teilt man sich sogar eine Kabine. Schiffe sind hellhörig. Es wird mitunter geschnarcht wie bei den Neandertalern (Ohrstöpsel nicht vergessen). Die Privatsphäre reduziert sich auf ein erträgliches, für manche (Frauen) auch unerträgliches Minimum. Deshalb ist Segeln auch eine Männerdomäne.

Es gilt das musketiersche Motto: Alle für einen und einer für alle. Das ist in der Regel der Käpt'n, sein Wort ist Gesetz.

Meine Erfahrung als Skipper ist, dass eine Crew eine gewisse natürliche Autorität regelrecht erwartet und mit der Hierarchie an Bord überhaupt keine Probleme hat oder haben sollte. Was sämtliche seemännischen Entscheidungen angeht, kann man als Skipper ruhig mal den Seewolf raushängen lassen und problemlos einen Satz wie: »Schnauze, diskutiert wird an Land« raushauen. Muss man aber nicht. Es gibt, wie überall, guten und schlechten Führungsstil. Der Ton macht die Musik bzw. einen Törn. Basisdemokratie an Bord funktioniert aber nicht. Wer sich dem nicht aussetzen mag, sprich: alle Alphatiere, sollte Schiffe besser meiden.

In Wahrheit ist Segeln natürlich Teamarbeit. Im Idealfall geht die Gruppendynamik in die richtige Richtung, man verschweißt zu einer eingespielten Crew, vor allem bei schlechtem Wet-

ter, bei der sich jeder auf seine Art einbringt. Gemeinsam werden wir das Schiff schon schaukeln (obwohl es oft genug umgekehrt ist). In der Regel hat das auch etwas sehr Geselliges und Zünftiges, ja, Männerbündisches. Man lernt die Menschen im Guten wie im Schlechten kennen. Und damit auch sich selbst – vor allem die eigene Toleranz und/oder die eigenen Grenzen in Sachen sozialer Kompetenz. Segeln ist so gesehen eine ebenso kommunikative wie kreative Angelegenheit. Immer auch ein Workshop.

Nirgends wird mehr kommuniziert. Es wird viel gelacht und nachgedacht.

Man kommt auf blöde wie begnadete Ideen. Ein permanentes Brainstorming – vor allem, wenn ansonsten um einen herum Flaute ist. Ideal auch für Leute/Singles/gelangweilte Paare, die Anschluss oder auch nur Geselligkeit im Urlaub suchen (siehe Kojencharter). Oder sonst was – ein Abenteuer etwa (siehe Swingersailing – gibt es, kenne ich mich aber nicht aus. Ehrlich nicht).

4. O.k., aber ist das Segeln selbst nicht so kompliziert, dass man sich auf nichts anderes konzentrieren kann?

Diese komischen Knoten und die ganzen kryptischen Begriffe ... Lee, Luv, reffen, gieren, fieren usw. In der Tat, das Vokabular auf Schiffen ähnelt einer Geheimsprache. Aber alles kann man lernen. Niemand soll sofort ein eigenes Schiff kaufen oder chartern und einen auf Columbus oder Magellan machen. Man kann mit Jollen und einem Strandcat anfangen (nass, schnell, hoher Spaßfaktor) und einen Schein machen. Man kann das auch sein lassen und stattdessen die ersten Male auf einer größeren Yacht mitsegeln und auf diese Weise erste Seemeilen sammeln.

Nichts ist falscher, als zu glauben, Segeln könne man auf dem Papier und/oder mit irgendwelchen Trockenübungen lernen.

Beim Segeln hat sich »learning by doing« bewährt. Ist man infiziert, kann man langsam über Segelscheine, einen Kursus oder den Kauf eines eigenen, kleinen Bootes nachdenken. Der Rest ergibt sich dann von selbst. Unter anderem wird man herausfinden, ob es stimmt, was

eingefleischte (Nordsee-)Segler behaupten, Segeln sei, wie unter einer kalten Dusche zu stehen und Fünfhundert-Euro-Scheine zu zerreißen. Kann man Angehörige und Freunde fürs Segeln begeistern? Aus eigener Erfahrung weiß ich, das ist nicht immer einfach. Viele wollen und können nicht. Andere könnten, aber wollen/trauen sich nicht. Ich könnte hier jetzt Namen nennen.

5. Kein Wunder! Alles in allem ist Segeln doch viel zu gefährlich, oder ...?
Klare Antwort: Nein. Jährlich kommen laut BSU – Bundesstelle für die Untersuchung von Schiffsunfällen, ja, die gibt's – in der Sportschifffahrt im Schnitt nur zehn tödliche Unfälle mit deutscher Beteiligung vor. Das ist, gemessen an der gigantischen Zahl aller Wassersportler, verschwindend wenig und macht Billard, Sackhüpfen und Briefmarkensammeln zu weitaus gefährlicheren Sportarten und Hobbys. Die meisten verunglückten Segler werden übrigens irgendwann mit offenem Hosenstall angespült. Kein Witz – jedenfalls nicht meiner.

> **Die Wasserschutzpolizei stellt dann die Todesursache fest: freihändiges Pinkeln mit Todesfolge.**

In der Praxis sieht das so aus: eine Hand am ... genau, die andere am Bier. Nachts oder bei Seegang dem Harndrang nachgeben ist Harakiri (nur weil man zu faul war, sich das Ölzeug auszuziehen und sich auf ein schwankendes Klo zu setzen). Eine Welle und: Mann über Bord. Feierabend. Nicht schön, aber vermeidbar, jene Art des Wasserlassens, die sonst so oft von den Männern selbst als genetischer Vorzug gepriesen wird.

Wenn ich segeln gehe und die Verantwortung über die Crew und das Schiff habe – und wie gesagt, Captain's word is law –, gilt: Don't sail

and sauf. Außenbords zu urinieren wird generell schon vor der Reise verboten. Das Alkoholverbot erst abends gelockert, wenn man nach einem längeren Ritt friedlich in der Bucht oder sicher im Hafen liegt, kann man sich einen »Anlegeschluck« im Cockpit oder Salon genehmigen. Oder zwei. Die Seefahrt lebt von Ritualen. Und selten schmeckt ein Gin Tonic, Whisky, Bierchen besser als an Bord einer Yacht. Und ein Schlückchen in Ehren bzw. schwedischen Schären kann man getrost als lebensverlängernde Maßnahme einstufen.

6. Also auf zu neuen Ufern. Denn hinterm Horizont geht's weiter. Oder wie? Genau. Und beides lässt sich am besten mit einem Segelschiff erkunden. Dem klassischen Gefährt aller großen Entdecker. Sowie man den Hafen verlassen hat, stellt sich dieses Gefühl von Freiheit ein. Vielleicht, weil der Horizont so unerreichbar ist und die Gemeinheit hat, einen immer auf gleicher Distanz zu hal-

ten. Dafür kann das Auge mal auf unendlich stellen, der Sehnerv entspannt sich. Nichts stört. Keine hässlichen Häuser, Staus, Strommasten … die ganzen Wucherungen der Zivilisation. Das Meer ist vergleichsweise unbebaut. Ja, jungfräulich (beispielsweise gibt es keine Bremsspuren).

Die Seele seufzt und streckt sich.

Hin und wieder ein anderes Schiff. Eine Steilküste, die man allmählich passiert, 'ne Möwe, Reflexionen im Wasser. Und Geschaukel wie zuletzt in Mamas Bauch. Dazu den Wind in den Ohren und am Bug eine Schule Delphine, wenn man Glück hat.

Delphine sind immer ein Großereignis an Bord jeder Yacht. Alles rennt zum Bug, inklusive Rudergänger (er stellt auf Autopilot), und starrt ins Wasser. Die Delphine starren zurück. Als würden sie einen nachsichtig angrinsen und auf der Seite liegend sagen wollen: Ätschi bätsch, wir sind schneller als ihr. Eine Weile leisten sie einem Gesellschaft, surfen auf der Bugwelle, machen mal mehr, mal weniger motivierte Flippereinlagen. Aber stets lassen sie alle an Bord mit einem beseelten Grinsen bis hin zum Glücksgefühl zurück.

Segeln ist abwechslungsreich. Die Meere sind noch dieselben, auf denen schon die alten Entdecker gesegelt sind. Mit einem Segelboot kommt man zu entlegenen Gestaden und Inseln, wo andere gar nicht oder nur mit nervigen Ausflugsdampfern und dämlichen Kommentaren im Ohr hinkommen. »Und hier rechts sehen Sie …«

Eine Seepassage hat immer auch etwas Läuterndes. Segeln ist im Einklang mit der Natur und ökologisch korrekt.

Schöner lässt sich Wind nicht in Vortrieb umsetzen. Morgens kann man als Erstes einen Köpper ins Badezimmer machen (ohne sich den Schädel einzuhauen). In der Karibik weht einen abends eine warme Brise an. Und überhaupt: Nachts im Passatwind zu segeln, nur mit Badehose und T-Shirt bekleidet ... können Sie mich vor Glück seufzen hören? Am besten im Mondlicht, wenn die Bugwelle wie ein Brautschleier aufleuchtet und im Kielwasser das Meeresleuchten wie ein Kometenschweif zurückbleibt. Ohne Worte. Man kann das kaum beschreiben. Höchstens so: Man muss das selbst erlebt haben. Meer geht nicht.

»Mit anderen Worten, Segeln ist super und besser als Sex, und ich soll das in meiner zweiten Lebenshälfte unbedingt mal ausprobieren. Oder wie?« Richtig, und im Idealfall kombinieren. Viel Baden, viel Sonne, viel nackte Haut, das wirkt bei manchen Wunder. Als stabilste Konstellation für eine Weltreise (und die Gedanken kommen früher oder später) hat sich übrigens das klassische Pärchen erwiesen. Es gibt Paare, die leben seit Jahren auf ihrem Schiff und schippern selig durch die Welt. Sie tun das freiwillig und haben dem Leben an Land längst abgeschworen. Mein Traum. Denn in Wahrheit, tief drin, sind wir doch alle Nomaden und manche eben Seenomaden. Und solche, die es unbedingt mal werden sollten.
Wie sagt man so schön? Die See heilt alle Wunden. Also, Leinen los. Ahoi. Alle Säcke an Deck!

JAN JEPSEN

Sack-Optimierung für den Partner

Nix ist schwerer, als nix zu denken

WIE ICH MEDITIEREN LERNTE

Wir Herren sind ja oft unausgeglichen und müssen versuchen, uns zu entspannen. Ich habe schon mehrfach darauf hingewiesen, dass ich Meditation für eine ziemlich knorke Sache halte und diese Art von innerer Einkehr heftigst empfehle. Aber es ist verdammt schwer, an nix zu denken. Denn darum geht es im Grunde beim Meditieren. Nix denken. Aber man kann es schaffen, wenn man dranbleibt. Lassen Sie mich Ihnen schildern, wie es bei mir war, als totaler Entspannungsdepp einen Meditationskurs zu beginnen:

Also, ich saß da in einem hellen Raum in der Hamburger Osterstraße. Um mich herum zehn Leute – Männer und Frauen – in lockerer Kleidung auf Matten oder so genannten Meditationshockern. Alle sahen voll gechillt aus.
Ich war nervös, hockte, wie vorgeschrieben, in Jogginghose und dicken Socken auf einem Kissen. Ja, nicht auf der Matte. Die sind mir immer zu hart, und dann tut mir nach zehn Minuten der Hintern weh.

Es ist nicht so gut, mit schmerzendem Po zu entspannen.

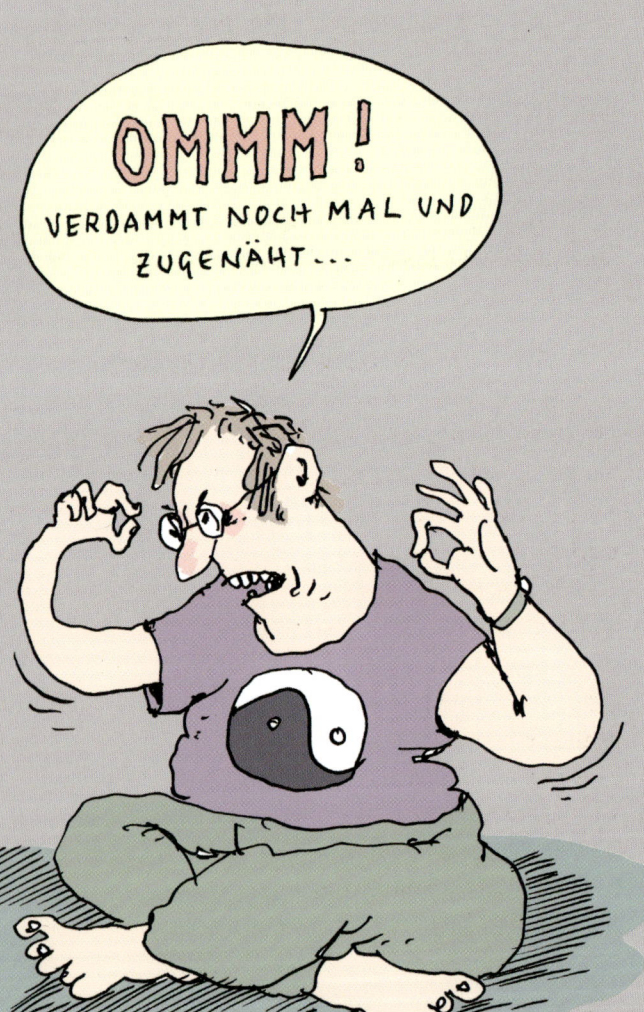

Der Meditationsmeister, ein echt fitter Endfünfziger mit weißem Bart, forderte uns auf, uns auf unseren Atem zu konzentrieren. Ein, aus, ein, aus. Und dabei an nichts denken. Nur ans Atmen. Ja, das ging. Ich atmete und dachte an nichts. Dann dachte ich: »Mist, mein Sack ziept!« Ich atmete weiter. »Nicht an den Sack denken«, dachte ich. Was ja, genau genommen, nicht »nichts denken«, sondern »An-den-Sack-Denken« ist. Aber ein Sackhaar hatte sich offenbar »verlegt«, und das ziepte. Ich dachte: »Vergiss das Sackhaar, welches ziept, und denke ans Atmen.« Und tatsächlich – irgendwann kam ich in den Atemrhythmus zurück. Die Pause zwischen zwei Atemzügen ist tatsächlich eine interessante Leere- und Ruhephase. Faszinierend! Da mag man sein. Ich versichere Ihnen, das lohnt sich.

Wir sollten dann erneut ein- und ausatmen, die Lunge noch einmal vollständig zu leeren versuchen, pausieren, eine kleine Zwischenatmung nehmen und dann wieder tief einatmen. Immer wieder. Immer weiter.

> **Ich kam tatsächlich innerlich immer mehr zur Ruhe, dachte an nichts. Um mich herum Stille und Erhabenheit. Doch was war das? Hatte der Typ neben mir etwa einen fahren lassen?**

Schade, dass gerade wieder der richtig tiefe Atemzug dran war ... Doch der Pesthauch wurde vom Winde verweht, und ich konnte mich wieder auf meinem Atem konzentrieren. Und – um mal wieder sachlich zu werden – es ist ein verdammt gutes Gefühl, wenn man es schafft, diesen Zustand des Nichtsdenkens zu erreichen, wenn man einfach nur »da« ist und den Moment genießt. Das ist nicht leicht zu schaffen, aber man sollte es immer wieder versuchen. Mittlerweile entspannt es mich schon, wenn ich mich – bei Stressanfällen oder

nächtlicher Schlaflosigkeit – im Schneidersitz hinhocke und losatme. Das ist doch schon mal was. Der Körper signalisiert dem Hirn: »Hey, der alte Sack will chillen, lass uns mal die Systeme runterfahren.« Kommt gut!

Also, los, liebe Mitsäcke. Ab in den Schneidersitz. Ein, aus, ein, aus – und immer schön aufpassen, dass nix zieht.

Heim und Herd

Wir leben zwar nicht mehr in den 50er Jahren, aber wir müssen ehrlich sein, die meisten von uns alten Säcken sind, wenn es um das Thema Haushalt geht, Volldeppen. Heimwerken, Autowaschen und Dachrinnensäubern kriegen wir ja noch hin, aber wenn es um Waschen, Bügeln, Kochen und richtiges Putzen geht, da hört es schon bei vielen auf. Ich hingegen, das kann ich mit einer Urkunde beweisen, bin »geprüfter Hausmann«. Und das kam so:

Ich habe mal mit vier anderen Journalisten im Rahmen einer Welle von Selbstversuchen einen Hausmannkurs auf einem niedersächsischen Bauernhof gemacht. Es ging darum, die eigenen Grenzen journalistisch auszuloten und sich allen gängigen Klischees zu widersetzen. Also buchten wir auf eben diesem Bauernhof einen hauswirtschaftlichen Schnellkurs – nur für Männer.

Dort sollten wir all das lernen, was uns Herren meist so abgeht: das Bügeln, Backen, Fensterputzen und Kochen.

Wir bezogen an einem Freitag ein recht hübsches Ferienhäuschen und lernten schon beim Beziehen der Betten eine Lektion fürs ganze Leben, nämlich das richtige Zusammenlegen von Spannbettlaken. Äh, schrieb ich »fürs ganze Leben«? Ich habe leider komplett vergessen, wie das geht, aber solange ich das beherrschte, konnte ich

damit zu Hause wahnsinnig punkten. Und nicht nur damit! Schon am ersten Tag lernten wir die richtige Behandlung verschmutzter Kleidung, also, ich meine Waschen, aber »die richtige Behandlung von verschmutzter Kleidung« klingt irgendwie cooler und männlicher, finde ich. Wir ließen uns die verschiedenen Programme erklären, wir lernten das Beseitigen hartnäckiger Flecken mit Gallseife und all so'n Zeugs. Ich habe echt nicht gewusst, dass Waschmaschinen so viele unterschiedliche Programme und Klappen haben. Es ist mir ein bisschen peinlich, das zuzugeben, aber so war es. Ich hätte mir das natürlich auch zu Hause von meiner Frau beibringen lassen können, aber irgendwie war das in so einem Lehrgangsrahmen dann doch ein wenig gelöster, weil man sich dort traute, auch die beknacktesten Fragen zu stellen.

Ich glaube, meine Frau ahnte gar nicht, wie wenig ich tatsächlich über das Waschen wusste. Boah ey, ich Looser!

Später erweiterten wir das Themenspektrum. Knöpfe annähen, was für eine Herausforderung! Ich kam mir dabei ein bisschen vor wie ein Chirurg bei einer komplizierten Operation. Meine Kollegen stellten sich dabei allesamt ein bisschen intelligenter an als ich.
Dafür konnte ich am nächsten Morgen beim Brötchenbacken punkten. Mit einem gezielten Handkantenschlag machte ich jeden Brötchenschlitz klar, und auch der Teig gelang mir gut, was aber auch daran lag, dass er unfassbar einfach herzustellen war. Später bei der Zubereitung von Bratkartoffeln zum Mittagessen gab es erbitterte Diskussionen über den Brutzelgrad und die Dauer des Bratens. Unsere Lehrerin sprach dann ein Machtwort und dozierte: viel Schmalz, Zwiebeln extra, lange auf kleiner Flamme braten und vor

allem die richtigen Kartoffeln wählen, und die dann auch richtig kochen. Beim Backen des Butterkuchens für den Nachmittag habe ich dann später mein persönliches Bäcker-Waterloo erlebt. Ich habe nicht genug Backpulver genommen. Das Zeug lag hart wie ein Pflasterstein auf Tellern und ließ sich nicht essen.

Meine Kollegen beeindruckten dagegen mit Kirsch-kuchen mit Rahmguss und wunderbaren Keksen. Ich war echt am Abschmieren.

Am letzten Tag lernten wir, wie man angelaufenes Silber wieder blank bekommt, nämlich, indem man es in eine Wanne plumpsen lässt, die vorher mit Alufolie ausgelegt und dann mit heißem Wasser und einer kräftigen Portion Salz gefüllt worden ist. Faszinierend! Wir erfuhren die Essentials für das stilvolle Tischdecken, lernten das Zubereiten von Remoulade und das Anrichten einer veritablen Schlachtplatte.

Uns allen hat dieses Wochenende eine Menge Spaß gemacht, so unter Männern mal die Welt der Hausarbeit, die ja durchaus eine Welt beider Geschlechter sein sollte, kennenzulernen, und wir reisten erfüllt und voller Motivation nach Hause. Ich habe dann dort rum-getönt, ich wäre jetzt der beste Brötchenbacker östlich der Elbe, und habe es geschafft, das auch zu beweisen, und zwar genau einmal, weil mich dann der Alltag doch wieder eingeholt hat. Ich habe gemerkt, dass es etwas anderes ist, in einem Ferienhaus bei einem Wochenendseminar mit ein paar Kumpels loszulegen, habe aber unterschätzt, wie viel Zeit man dazu braucht, ein wirklich guter Haus-mann zu sein.

Unterm Strich ist meine Achtung der Hausarbeit gegen-über entscheidend gestiegen, und ich gelobe hiermit, nie wieder blöde Sprüche darüber abzulassen.

Außer vielleicht den Klassiker: »Schatz, ich kann nicht mit ansehen, wie du dich wieder abschuftest beim Kochen. Mach bitte mal die Tür zu.«

Besser schenken für alte Säcke

DAS PROBLEM »EINPACKEN UND

RICHTIG EINKAUFEN« –

UND MÖGLICHE LÖSUNGEN

Viele von uns Männern sind ja nicht so gut, wenn es ums Schenken geht. Zum einen fällt uns oft nichts Gescheites ein – wir kennen uns in Sachen Mode und Accessoires einfach nicht aus, und wenn wir die Sachen dann einpacken sollen, sieht es hinterher meist beknackt aus. So Schleifchen und so sind eben nicht unser Ding. Sie kennen das, nicht wahr? Immer, wenn meine Frau Geburtstag hat oder Weihnachten ist, werde ich deshalb nervös. Denn dann muss ich was einpacken. Ich kann aber nicht einpacken. Echt nicht. Ich habe es versucht, aber es geht nicht.

> **Immer sehen von mir verpackte Geschenke scheiße aus.**

Ich bin nicht ungeschickter als die meisten. Ich spiele sogar Schlagzeug, da muss man Arme und Beine unabhängig voneinander bewegen können. Ein Grobmotoriker bin ich nicht. Aber ich kann einfach nicht einpacken. Nicht mal ein Buch. Sogar hier sind die Papierrän-

der asymetrisch, an den Ecken sind solche dicken Knubbel, und die unbeholfen fixierten Tesastreifen scheitern kläglich bei dem Versuch, das Ganze irgendwie zusammenzuhalten. Das Geschenk franst stets aus. Eine von mir verpackte Vase oder eine Flasche Likör sieht noch grotesker aus. Als ob ein Gorilla den hilflosen Versuch unternommen hätte, einen versiert einpackenden Menschen zu imitieren.

Aber ich bin nicht allein mit meiner Unzulänglichkeit. Ich kenne viele Männer, die nicht einpacken können – einige von ihnen sind sogar Feinmechaniker oder Chirurgen. Ich meine sogar sagen zu können: Wir Männer können ganz grundsätzlich einfach keine Geschenke einpacken. Irgendetwas in uns sperrt sich dagegen. Nur was? Ich vermute, es ist der im Grunde schwer erträgliche Gedanke, dass das, was wir mit hübsch bedrucktem und oft teurem Papier verhüllen, kurz danach wieder von ungeduldigen Händen unter Zerstörung des Papiers enthüllt wird.

Dieser Vorgang widerspricht unserem männlichen Pragmatismus. Er erscheint uns tief drinnen als komplett idiotisch und unnütz.

Aber das ist natürlich unromantisch. Niemand von uns kann es wagen, seiner Gattin ein Buch oder ein Parfüm direkt aus der Einkaufstüte »nackt« in die Hand zu pfeffern. Deshalb verpacken wir weiter, halbherzig, mit inneren Widerständen. Natürlich kann man das Ganze vom Verkaufspersonal machen lassen. Die verpacken klasse. Vollprofis sind das. Aber deren Werk erkennt jede Frau sofort. Das gilt nicht. Ist nicht selber verpackt. Kommt nicht von Herzen. Man hat sich keine Mühe gegeben. Das wäre, wie wenn man ein Gedicht von Rilke klaut und als sein eigenes ausgibt.

Ich habe dann irgendwann aus meiner Verpackungsnot eine Tugend gemacht. Und damit, liebe Mitsäcke, kann man eine Zeit lang ganz gut durchkommen. Meine dadaistische Methode ist diese: Man muss die Geschenke betont doof einfach in Zeitungspapier einwickeln – und dann mit einem schwarzen Filzer Herzchen und lustige Männchen draufgemalt. Kommt super an. Anfangs. Ich mach das nun aber

im 15. Jahr, und irgendwie ist da jetzt der Soul raus. Neulich hat meine Frau mir zu verstehen gegeben, dass sie den Grad meiner Wertschätzung für ihre Person auch an der Art und Weise messen würde, wie ich in Zukunft Geschenke zu verpacken gedächte. Ich bin also echt gekniffen. Vielleicht suche ich mir eine Selbsthilfegruppe. Oder ich engagiere jemanden, der einpacken kann, aber das mit gefesselten Händen macht und es auf diese Weise glaubwürdig »halbgut« hinbekommt. Das könnte klappen.

Kommen wir nach all dem Jammern zurück zum Anfang dieses Kapitels: dem richtigen Aussuchen von Geschenken. Hier ein paar Tipps, die ich zusammengestellt habe, nachdem ich verschiedene Frauen befragt habe. Die absolute Nummer eins ist eigentlich eine ganz einfache Sache. Sie müssen Ihre Frau beim Einkaufen von Kleidung oder Accessoires immer wieder mal begleiten und dabei einfach nur gut aufpassen. Ja, ich weiß, das fällt uns Männern so verdammt schwer.

Auch ich kenne das gut: beim Einkaufen nur schläfrig wie ein Zombie meiner Frau hinterherzutapern und dabei alle Systeme auf Ruhezustand zu schalten.

Uns Männer interessieren eben Designer, Größen, Stoffe und Waschanleitungen nicht gerade rasend. Das ist eben der Fehler. So kann das ja nix werden, wenn wir dann allein losziehen, um unserer Liebsten etwas zum Anziehen zu kaufen. Denn das ist die Königsdisziplin: Mode. Da können Sie punkten. Aber auch so dermaßen danebenliegen, dass es nur so kracht. Hier also mein kleiner Grundkurs, um zu vermeiden, dass Sie zum Hochzeitstag mit einer zu großen Bluse (schlimmster Fehler!) im Schabrackenlook aus Vollsynthetik angerauscht kommen:

Also, wenn Sie Ihre Gattin beim Einkaufen begleiten, dann reißen Sie sich zusammen und passen Sie auf. Welche Modemarken bevorzugt sie? Notieren Sie sich – unauffällig! – die Firmen und Labels. Da können Sie dann später zuschlagen. Achten Sie außerdem darauf, welche Farben in die nähere Auswahl kommen. Nix ist blöder, als einer Frau ein gelbes Kleid zu schenken, die diese Farbe »pissgelb«

nennt. Achten Sie weiterhin darauf, welche Stoffe bevorzugt werden. Viele Frauen mögen nichts Synthetisches. Und wenn Sie denen dann statt mit Wolle oder Baumwolle mit Fetischmode aus 98 Prozent Polyamid oder Acrylfaser kommen, gibt's was auf die Glocke. Entscheidend ist darüber hinaus die richtige Größe.

Schon wenn Sie um eine Einheit (40 statt 38) danebenliegen, ist das in den Augen einer Frau beinahe identisch mit dem Satz »Hier, du fette Sau!«.

Also, Obacht. Schauen Sie zur Not in den Kleiderschrank, was in den meisten Sachen steht, und fragen Sie außerdem das Verkaufspersonal, wie die Sachen »ausfallen«. Ja, und selbst wenn Sie es schaffen, die richtige Marke in der richtigen Größe aus dem richtigen Stoff zu kaufen, dann muss es natürlich immer noch auch zu Ihrer Frau passen. Stilistisch, meine ich. Und das ist nun wirklich das Schwerste. Das ist die hohe Schule. Die Kür! Fans von puristischen, klassisch geschnittenen Sachen mögen zum Beispiel keine verspielten Blusen mit Rüschen und anderen neckischen Applikationen. Aber solch eine Bandbreite von Stilen bieten halt die meisten Labels. Auch hier hilft es zuzugucken, wie die Gattin Kleidungsstücke in einem Geschäft aussucht. Was sie länger in der Hand behält, anprobiert, wo sie wohlwollend nickt, den Kopf schüttelt oder sich sofort entsetzt erbricht.

Übrigens: Was sie als »zu teuer« verwirft, können Sie am nächsten Tag bedenkenlos kaufen. Ein garantierter Ankommer! Also, wenn Sie einfach nur gut aufpassen, können Sie beinahe alles lernen, was Sie später zum Geschenke-King werden lässt. Am besten ist es, wenn Sie beobachtet haben, dass sich Ihre Frau zwischen drei, vier Sachen nicht entscheiden konnte. Merken Sie sich die schließlich zurückge-

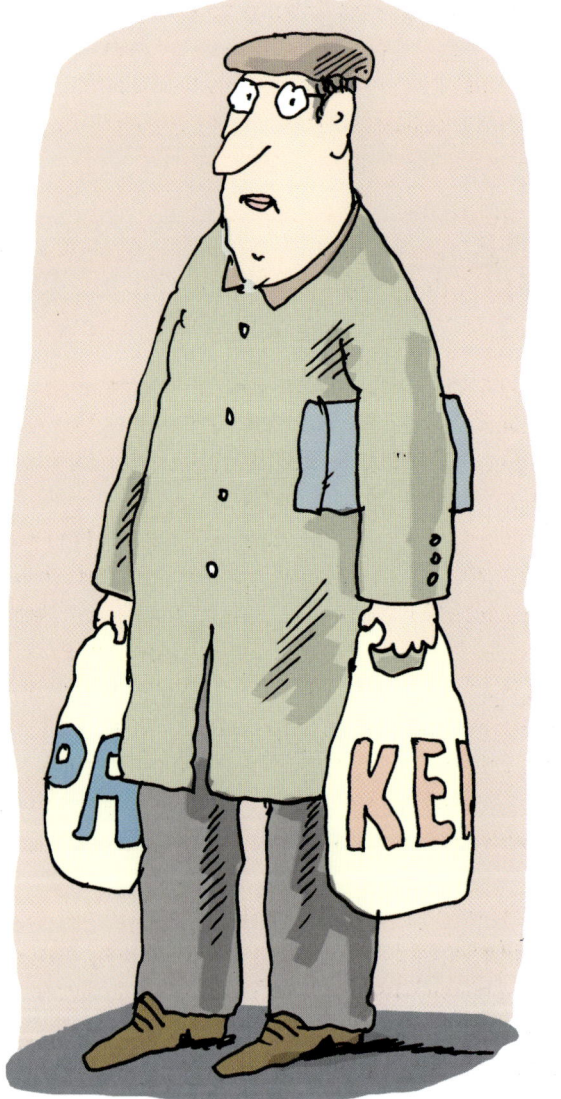

lassenen Stücke und schlagen Sie später zu. Aber natürlich nur, wenn es sich um einigermaßen verschiedene Sachen handelt. Einer Frau, die sich eine schwarze Hose gekauft hat, dann eine Woche später eine schwarze Hose zu kaufen, ist natürlich beknackt.

Das Anti-Rüpel-Training

Ich habe mal, im Rahmen meiner journalistischen Arbeit, eine interessante Frau kennengelernt. Nein, nicht, was Sie jetzt denken. Ich habe nicht meine eigenen Ratschläge vergessen und etwa einen seitlichen Sprung in Richtung junges Ding gemacht. Nix da. Ich habe Melanie K., damals 24, kennengelernt, als ich zum ewigen Thema Männer und Frauen recherchierte. Frau K. entwickelte Ideen für Kunden, die anderen besondere Geschenke machen wollen. Und irgendwann, so erzählte sie mir, fiel ihr auf, dass fast alle Frauen über die gleichen Probleme mit ihren Partnern klagen. Und die wären – festhalten, liebe Männer und Mitsäcke:

➤➤ mangelnde Hygiene und vernachlässigtes Äußeres

➤➤ Kommunikationsprobleme (Männer hören nicht zu, sprechen nicht)

➤➤ mangelnde Wertschätzung der Partnerin

➤➤ keine Manieren

➤➤ ausbleibende Liebesbeweise

Das sollen Frauen über ihre Partner sagen? In unseren Tagen, nach über hundert Jahren Frauenbewegung und einer Million Zeitschriftenartikeln und Sachbüchern über den rechten Umgang miteinander?

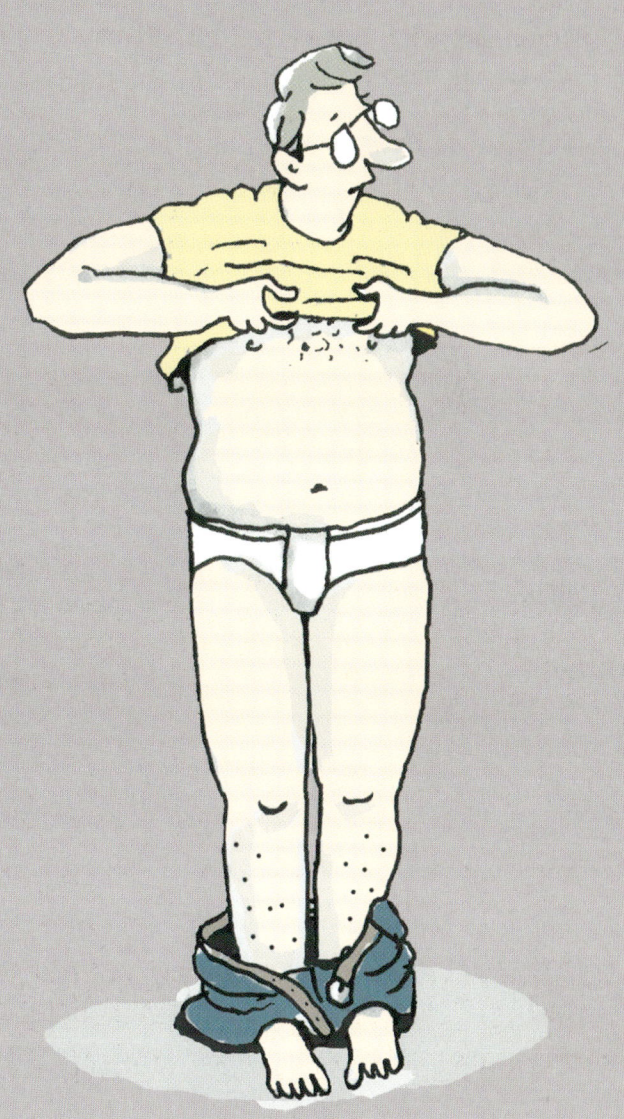

Melanie zuckte ob meines Entsetzens nur mit den Schultern und meinte: »Das ist nun mal das, was ich von dem meisten Frauen höre. Quer durch alle Milieus.« Und auch Herren in den besten Jahren seien vor Irrtümern und Fehlverhalten nicht gefeit. Aber sie wollte ja helfen und war sehr geschäftstüchtig. Deshalb gab sie in Hamburg Gentleman-Seminare. Dort können wir groben Burschen lernen, uns zu benehmen und – jetzt kommt's – »Frauen zu verzaubern«.

Das musste natürlich mal getestet werden. Mit Mark und Markus, zwei raubeinigen Grafikern aus der *Stern*-Redaktion, die gern mal auf dicke Hose machen, beschloss ich, Melanie K.s Kurs »Wie verzaubere ich eine Frau?« aufzusuchen.

Mal sehen, was ein alter Sack wie ich noch lernen konnte. Lesen Sie hier jetzt den Report dieses denkwürdigen Selbstversuches.

Melanie ist schlank, blond und hübsch und hat einen festen Händedruck. Wir Männer fangen sofort an, uns »charmant« zu benehmen. Mit anderen Worten – wir machen blöde Witze, um zu gefallen. Überflüssig. Denn später erfahren wir, dass der erste Eindruck, den frau sich von einem fremden Kerl macht, nur zu sieben Prozent aus verbalen Signalen gebildet wird. Körpersprache, Aussehen und Kleidung sind viel wichtiger als grelle Gags. Erst mal, zumindest.

DER BAUCHFREIE DOPPEL-
REIHER KOMMT VOLL
KRASS, MEIN HERR...

Melanie wird uns nicht allein unterrichten. Sie stellt uns einen weiteren »Dozenten« vor: Lothar L., 57, tätig als »Teamleiter in der Immobilienbranche« und laut Melanie ein »echter Gentleman«. Er wird uns einen Vormittag lang in Sachen Benimm, Konversation und angemessenes Aussehen schleifen.

Herr L. parliert weltmännisch, trägt einen astreinen Dreiteiler und hält uns zuallererst ein weißes Blatt Papier mit einem Tintenklecks hin. »Was sehen Sie, meine Herren?«, fragt er. Einen Tintenklecks, sagen wir.

»Ha!«, sagt der Immobilienhai. »Und genau so werden Sie von Frauen gesehen.«

»Wie? Bekleckert?«, fragt Markus.

»Sozusagen«, antwortet L. »Die Frauen sehen nicht das weiße Blatt, sondern den Klecks. Sie sehen zuerst die Fehler. Die schmutzigen Fingernägel, die Haare in der Nase, die Pickel im Gesicht, die schlechte Rasur, die viel zu weite Hose. So wird ein Mann erst mal bewertet. Da hilft kein noch so gutes Aussehen.«

Melanie wirft noch einen Merksatz ein: »Niemand kann zweimal den ersten Eindruck machen!«

Betreten blicken wir uns gegenseitig an. Wer ohne Makel ist, werfe den ersten Stein, denke ich.

»Achten Sie also auf vermeintliche Kleinigkeiten«, rät Lothar, »und pflegen Sie sich.« Dann zeigt er uns seinen mördergeilen Nasenhaarschneider.

Den Vormittag über lehrt uns Loddar die Grundlagen für ordentliches Aussehen und taktvolles Benehmen. Zu Letzterem gehören u. a. die beiden Regeln »keine Beleidigungen« und »Machen Sie sich nie über jemanden lustig«. Deren Beherzigung würde für Mark bedeuten, 50 Prozent seines zwischenmenschlichen Verhaltensrepertoires aufzugeben.

Beim Test unserer Tischmanieren schneiden wir recht ordentlich ab. Wir haben lediglich Probleme mit der Lage des Bestecks. Lothar rät zur Uhrzeiger-Analogie. 20 nach 4 heißt: Ich bin fertig. 20 nach 7: Ich mache nur Pause.

Der totale Einbruch kommt erst beim Krawattenbinden. Wir stehen wie bei der Musterung in einer Reihe, greifen auf Kommando zu Krawatten unterschiedlicher Länge und sollen verschiedene Knoten formen. Ein Desaster.

Markus präsentiert einen derartig verunglückten Krawatten-Mutanten, dass sogar Lothar, der schon vieles gesehen hat, den Tränen nahe ist.

Nach einer halben Stunde geht es bei allen dreien aber recht ordentlich. Wir merken uns: Die Krawatte darf nicht über die Gürtelschnalle hinausgehen, sollte dezent aussehen und keine großkotzigen Markennamen, aber auch nicht Aufdrucke wie »Rudis Resterampe« tragen.

Nach der Mittagspause übernimmt Melanie. Sie erklärt uns die Frau an sich.

»Liebe und Romantik«, sagt sie, »sind für alle Frauen wichtig. Deshalb gehen sie Beziehungen ein. Sie wollen gewürdigt und von ihren Partnern wie eine Dame behandelt werden.«

Das höre sich ja nun 50er-Jahre-mäßig und voll antiquiert an, protestieren wir. Schließlich gäbe es ja Gleichberechtigung und so. Darüber hinaus seien wir durchaus aufmerksame Partner.

»So, so, meine Herren, dann frage ich Sie: Wann haben Sie in letzter Zeit Ihrer Frau mal außer der Reihe ein Geschenk gemacht, ihr Blumen mitgebracht, sie mit irgendetwas überrascht, ihr gesagt, dass Sie sie lieben und aufregend finden?«

Tja, nun, äh ... sehr interessant, diese Fußspitzen.

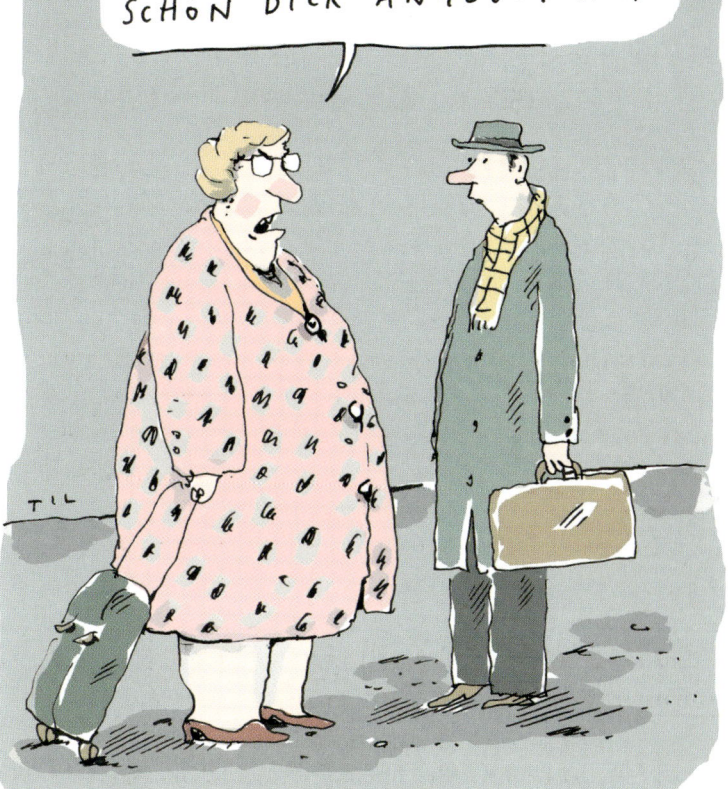

Melanie rät: »Mal eine Blume, ein schön gedeckter Tisch, eine Flasche Champagner – erzeugen Sie besondere Momente. Schenken Sie Ihrer Partnerin Aufmerksamkeit. Echte Aufmerksamkeit. Das zählt. Der Sex ist dann noch das Tüpfelchen auf dem i.«

Wie? Ein schön gedeckter Tisch oder ein Strauß Wicken ist wichtiger als Sex? Hätten wir nicht gedacht.

»Und was die Geschenke betrifft«, fährt Melanie fort. »Die müssen Sie natürlich selber einpacken.« (An dieser Stelle des Berichtes verweise ich auf das Kapitel zum Thema »Einpacken und Schenken«, siehe Seite 159.)

Dann dreht Melanie noch weiter auf. Überraschungen seien doch so einfach. Man könne zum Beispiel einen Liebesbrief in die Handtasche legen oder kleine Botschaften in der Unterwäsche verstecken. »Gilt das auch, wenn man schreibt: ›Bring mir bitte Kippen mit‹?«, frage ich.

Melanie ignoriert den Kalauer. »Sprechen Sie ihr ein Gedicht auf den Anrufbeantworter. Legen Sie ihr eine Rose aufs Kopfkissen. Lassen Sie ihr ein Bad ein mit Kerzen, Musik und Rotwein. Buchen Sie einen Tanzkurs. Fahren Sie spontan an die Ostsee, mit Prosecco und Erdbeeren im Gepäck.«

Das klingt uns nun doch ein wenig zu sehr nach Animation im Club Aldiana.

Aber wir haben die grundsätzliche Botschaft verstanden: Take care of your wife.

Melanie rät uns nun auch noch zu Büchern wie »399 romantische Augenblicke«, »Amore, amore« oder »1001 romantische Ideen«, falls

uns selber keine kommen. So viel fremden Input lehnen wir jedoch kategorisch ab. Schließlich haben wir ja gerade gelernt, dass die Damen Wert darauf legen, dass wir uns selber Gedanken machen.

Unser Seminar neigt sich dem Ende zu. Was haben wir denn nun mitgenommen? Sind wir bessere Männer geworden? Nun, ja. Vieles, was Melanie und Lothar an einem Tag lehren, klingt ein wenig schematisch, manches antiquiert. Man muss das alles schon richtig einordnen können. Gelernt haben wir trotzdem was. Ordentliche Krawattenknoten zum Beispiel, Grundsätzliches in Sachen Benimm – und dass es schon sehr okay ist, seiner Frau mal Blumen mitzubringen. Einfach so.

Die ehrliche
To-do-Liste

**Fußpflegetermin
machen (dafür
einen Vormittag
reservieren)**

**Vorsorge-
untersuchungs-
termin beim
Urologen erwägen**

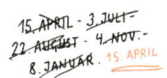

Steuererklärung andenken

Mutti besuchen

**Terminplanung für
Vorsorgeuntersuchung
verdichten**

Mutti anrufen

**Entspannungskurs bei der
Volkshochschule buchen —
verdammt noch mal**

**Joggen intensivieren
(also endlich damit
anfangen)**

**Termin für Vorsorgeuntersuchung auf kommendes
Jahr verschieben, aber fest vornehmen, den dann
aber auch wirklich wahrzunehmen (echt jetzt, Alter)**

**Mutti kommende
Woche anrufen**

**Jeden Morgen
zehn Liegestütze**

Aufräumen

Jeden Morgen neun Liegestütze

Jeden Morgen ... Scheiße, mach ich am Wochenende

Beim Aufräumen joggen

Mehr Gelassenheit üben, verdammt noch mal

To-do-Liste überarbeiten

Phantasie &
Kreativität

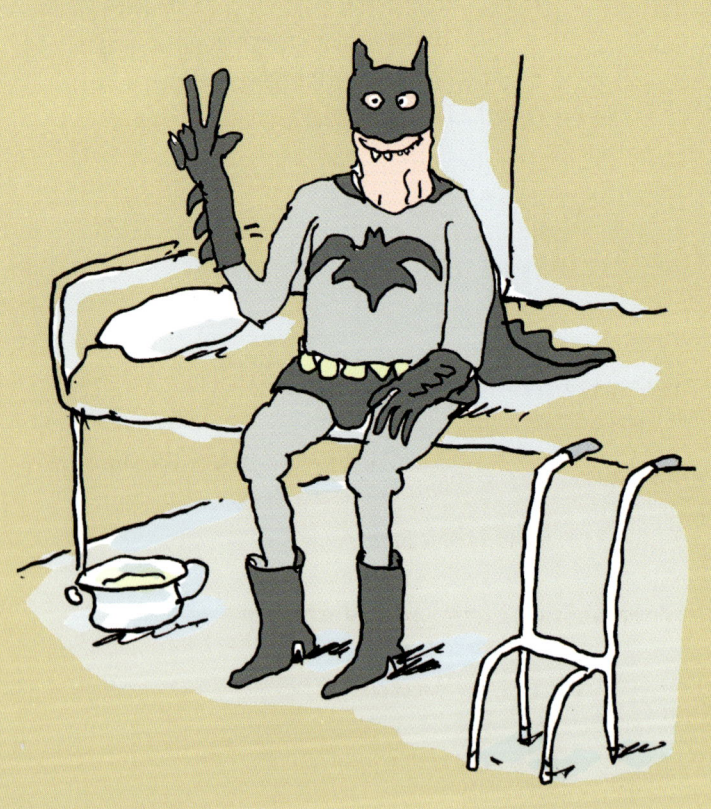

Nicht immer nur Bücher und CDs

Sie werden diese Frage vor Weihnachten oder Geburtstagen kennen: Was wünschst du dir denn? Tja, eigentlich nix, will man dann sagen, oder? Denn die meisten alten Säcke haben ja alles, was sie so brauchen. Aber man kann ja nicht »nix« sagen. Also gibt es Hemden, Whisky, Wein und Socken. Aber muss das sein? Mitnichten. Es gibt originelle Geschenke für Männer. Zumindest wirkt das erst einmal so. Ich habe mich für Sie umgesehen und einige mögliche Geschenke für uns Herren getestet.

Fangen wir mal mit einem **NASENHAARRASIERER** an. Frauen mögen es ja nicht, wenn es den Herren aus dem Kolben und aus den Ohren wuchert. Hier muss gehandelt werden. Hört sich also nach einem prima Geschenk an. Ich kaufe mir dieses Gerät und beginne mit der Nasenrasur. Beherzt führe ich den länglichen Stab ein und will gerade auf den Startknopf drücken, als mein Jüngster das Zimmer betritt. »Was tust du, Vater?«, fragt er. »Ich rasiere mir den Zinken, Sohn«, antworte ich. Er verlässt wortlos den Raum, und ich drücke auf »on«. Es brummt. Es vibriert. Sofort schießen mir Tränen in die Augen, und ein gewaltiger Niesreiz lässt mich den Trimmer umgehend aus dem Riechorgan zerren.

Auch die Ohren werden brummend und ohne Nebenwirkungen zur
Hörglatze geschoren. Ist nicht schön, so eine Kolbenrasur, funktioniert aber – und die Alternative mit der Nagelschere (diese Schmer-
zen, wenn man abrutscht ...) ist nicht wirklich zu empfehlen.

So, der Nasenrasierer war ja eher
etwas nüchtern und nützlich. Ich
suche also nach etwas, das auch ein
bisschen rockt. Nützlich darf es ja
sein, aber es muss auch Spaß machen.
Und in einem etwas sonderbaren
Geschäft finde ich einen **ROBOTER-
STAUBSAUGER**. Das ist es! Männern ist
ja oft egal, wie der Teppich aussieht. Sie
saugen nicht gern, und wenn doch, dann
äußerst bocklos und nie unterm Sofa
und in den Ecken. Dies führt zu partner-
schaftlichen Spannungen. Muss
nicht sein. Kann dieses Teil
Abhilfe schaffen? Ich erstehe
also einen Robo-Sauger. Der sieht
aus wie ein aufgepumpter Frisbee.
Nach einer zwölfstündigen Ladezeit kann ich ihn endlich anschalten.

Dauernd dotzt er irgendwo gegen, fährt dann rückwärts und seit-
wärts weiter, wie eines dieser Spielzeugautos, verkeilt sich allerdings
häufig irgendwo zwischen den Möbeln oder hängt an den Fransen
eines Teppichs fest. Irgendwie eine seltsame Sache. Außerdem saugt
er nicht in den Ecken und hat keinen Beutel. Man muss den Staub
aus einer Klappe herausprokeln.
Ich stelle resigniert fest: teurer Spielkram. Muss man sich nicht
schenken lassen.

Was Günstigeres muss her. Aber es muss Pfiff haben. In einem
Geschäft für Scherzartikel entdecke ich ein **TELESKOP-BESTECK**.
Das hört sich gut an. Männer sind von Natur aus gierig und wollen
immer als Erster und am meisten essen. Vor allem bei kalten Buffets.
Da sieht man schnell alt aus, wenn man kein geborener Drängler ist.

**Bisher habe ich mir immer mit dem laut gebrüllten Satz
»Lassen Sie mich durch, ich bin Arzt.« Zugang verschafft.
Das Teleskop-Besteck könnte eine Alternative sein.**

Eine Feier bei Freunden dient mir als Testgebiet. In einer Tasche
trage ich scheinbar eine ganz normale Gabel bei mir. Doch sie kann
bis auf einen halben Meter Länge ausgefahren werden. Als das kalte
Buffet eröffnet wird, lasse ich die erste Angriffswelle aufprallen,
schleiche mich hinterrücks an das Gedrängel heran, zücke die Gabel,
fixiere ein lecker aussehendes Geflügelarrangement, lasse die Gabel
mit einem Schwung zu voller Länge ausfahren und steche zu. Doch
ich verfehle die Pute und treffe Ute. Schmerzhaft bohrt sich einer der
Teleskop-Zinken in ihren Handrücken. Ich werde von drei kräftigeren
Gästen überwältigt, einen erwische ich noch mit dem voll ausgefah-
renen Löffel, bevor ich die Besinnung verliere. Ich stehe dennoch zu

meiner Idee und empfehle so ein Teleskop-Besteck für den Wunsch-zettel. Man muss das nur richtig handhaben.

So, was geht noch in Sachen Geschenke? In einem Katalog finde ich einen putzigen **KRAWATTEN-AUTOMATEN**. Männer finden ja oft schwer die passende Krawatte, wühlen lange in Schränken herum und müssen sich mit Merksätzen wie »Grün und Blau schmückt die Sau« falsche oder richtige Farb-kombinationen in Erinnerung rufen.
Ich kaufe und installiere das Gerät an einer Kleiderstange im diesbezüg-lichen Schrank. Es sieht aus wie eine High-Tech-Zeitbombe in einem Roland-Emme-rich-Film: »Krawatto-Day — Ich hab sie alle am Hals«. Ich hänge alle in meinem Besitz befindlichen Krawatten in die dafür vorge-sehenen Vorrichtungen. Auf Knopfdruck dreht sich das Ganze leise surrend, eine kleine Lampe beleuchtet die vorbeiziehenden Schlipse. Zum Schießen. Schade, dass es keinen Shuffleschalter gibt, dann könnte der Zufall entscheiden.

Auf den ersten Blick totaler Quatsch, dieses Ding.

Aber für Männer, die jeden Tag im Anzug zur Arbeit müssen und es morgens eilig haben, eine echte Hilfe. Schneller kann man sich sein Krawattensortiment nicht vor Augen führen. Und Spaß macht's auch noch.

So, kommen wir nun zu einem heiklen Thema: Sauberkeit. Männer reinigen Brillen, Scherköpfe von Rasierern, elektrische Zahnbürsten und Ähnliches grundsätzlich nicht oder unwirsch und nur oberflächlich. Kann das prickelnder gestaltet werden? Ja, mit einem **ULTRA-SCHALLREINIGER**. Das ist ein futuristisches Gefäß, das einer gigantischen Ofenkartoffel ähnelt und mit Wasser gefüllt wird. Ich tue die Brille meiner Frau, die Zahnspange meines Ältesten, meinen Rasiererscherkopf und einen Zettel mit der Aufschrift »Ich bin dreckig« hinein und drücke auf »on«.

Ein blaues Licht leuchtet auf. Es brummt.

Fasziniert beobachte ich, wie sich Belag unterschiedlichster Provenienz durch Beschallung löst und an die Oberfläche steigt. Irgendwie faustisch! Der Zettel löst sich allerdings zur Hälfte auf. Es funktioniert also. Man sollte sich mit ein paar Leuten zusammenschließen, so ein Ding kaufen und regelmäßig ultracoole Ultraschallpartys feiern, wo die Leute ihre Brillen etc. mitbringen.

Zum Schluss habe ich mir dann noch den uralten Traum eines typischen Mittelschichtlers erfüllt: Ich habe mir einen **BUTLER** besorgt: einen ferngesteuerten Butler. So ein Butler kommt gut, weil Männer ja andere gern für sich arbeiten lassen. Heißt es zumindest immer. Das ist natürlich ein blödes Klischee. (Moment mal, ich muss meine Frau mal eben fragen, wo der verdammte Kaffee bleibt.)

Der Butler – ich nenne ihn aus einer plötzlichen Laune heraus »Jepsen« – ist etwa 40 Zentimeter hoch, hat ein Tablett auf dem Kopf und einen Glashalter vor der Brust. Nach dem Einlegen von ungefähr 800 Batterien im Wert eines Kleinwagens stelle ich –

unterstützt von meinen schwer amüsierten Söhnen – Kekse und Kuchen auf das Tablett sowie einen Becher Kaffee in die Brusthalterung. Dann setze ich mich aufs Sofa, um mich von »Jepsen« bedienen zu lassen.

Nach einer kurzen Schlägerei haben die Jungs geklärt, wer als Erster die Fernbedienung des Roboters aktivieren darf. Beide drücken also gleichzeitig auf »vorwärts«.

»Jepsen« setzt sich ruckartig in Bewegung. Die Kekse fallen vom Teller, der Kuchen kippt, der Kaffee schwappt über und saut den Teppich ein. Ganz großer Sport. Mein Fazit: Forget it, man!

Opa, erzähl uns was!

ICH SCHENKE IHNEN EINE GESCHICHTE

Wenn wir alten Säcke uns fragen, was denn noch kommt in unserem Leben, dann ist die Großvaterschaft sicher ganz vorne mit dabei. Darauf können und sollten wir uns freuen. Denn dann kann man – ich habe es bereits im ersten Band »Alter Sack, was nun?« ausführlich geschildert – voll wieder den Kindskopf raushängen lassen und seine Enkel brutalstmöglich bespaßen. Aber manchmal muss man dann noch mehr machen, nämlich kreativ werden. Zum Beispiel großartige, durchgeknallte Gute-Nacht-Geschichten erzählen. Das ist nicht jedem in die Wiege gelegt. Ich kann ja vieles nicht, aber dummes Zeugs ausdenken, das ist eine Paradedisziplin von mir. Und deshalb habe ich mich hingesetzt und schon mal für Sie eine solche Geschichte angefangen.

Ich mag sie sehr, weil sie ziemlich bescheuert ist.

Bewahren Sie sie auf, bis die Kids kommen und alt genug sind, und spinnen Sie die Story dann bitte mit Ihrem Nachwuchs weiter. Irgendwas müssen Sie ja schließlich auch noch tun. Hier nun also die Geschichte:

188

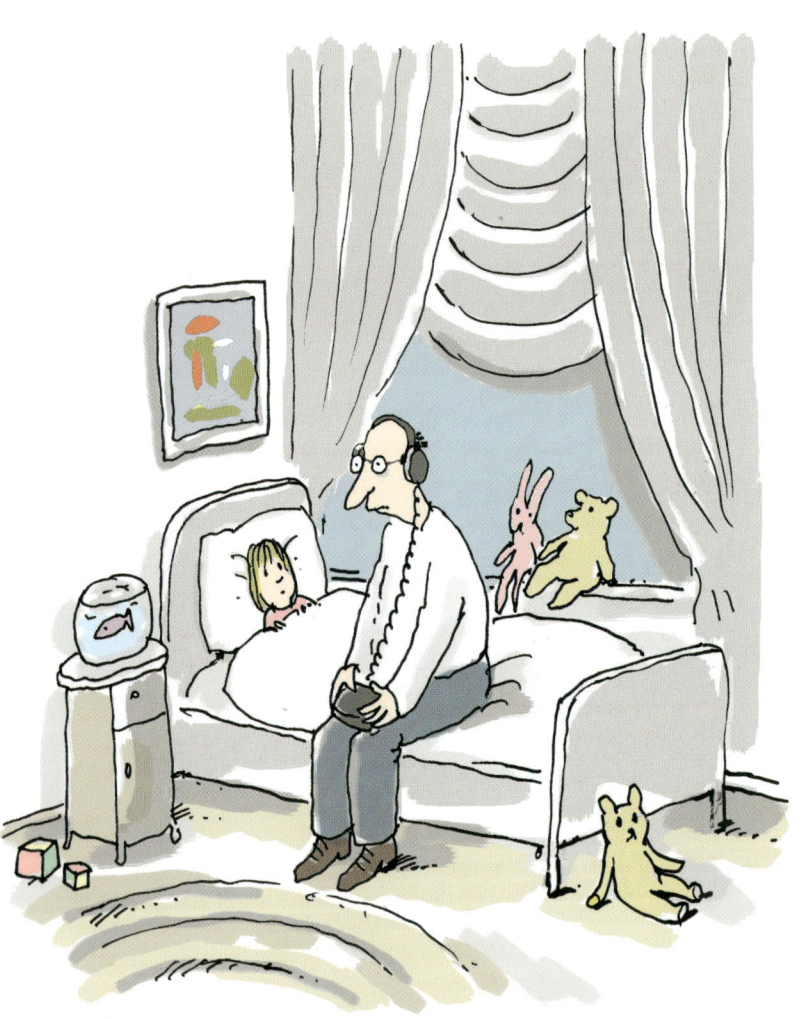

... UND ABENDS HÖRT MEIN OPA
MIR EINE SPANNENDE GESCHICHTE VOR.

PUMBECK KNITTEL

Pumbeck Knittel war ein sehr, sehr ungewöhnliches Kind. Ja, du hast richtig gehört. Der Junge, um den es hier geht, heißt wirklich Pumbeck. Seine Eltern, Horst und Maria Knittel, hätten ihn natürlich auch Karl, Michi, Motz oder Karussell nennen können. Aber nein – Pumbeck musste es sein. So hieß nämlich sein Urgroßvater, ein Wissenschaftler, der den berühmten physikalischen Lehrsatz »Je höher, desto platsch« aufgestellt hat. Pumbeck Knittel war kein schönes Kind. Er hatte einen ziemlich großen Kopf und abstehende Ohren, die er wie eine Katze in verschiedene Richtungen bewegen konnte. Das Auffälligste aber waren seine Augen. Riesige, wache Augen, die schon im Babyalter aufmerksam und neugierig in die Gegend schauten und alles aufzusaugen schienen, was um ihn herum geschah. Pumbeck erwies sich als ein im Grunde fröhliches Kind, war jedoch häufig dabei anzutreffen, wie er mit ernstem Gesicht und gefurchter Stirn in seiner Wiege lag.

»Ich glaube, er grübelt«, pflegte sein Vater dann zu sagen.

»Unsinn, Hotte«, rief dann seine Mutter. (Hotte ist ein Spitzname für Horst, nur damit du dich nicht wunderst.) Also: »Unsinn, Hotte«, rief dann seine Mutter. »Er ist doch erst acht Monate. Er kann noch nicht grübeln.« (Grübeln heißt übrigens ziemlich doll über irgendwas nachdenken.)
Doch die Mutter irrte.

Pumbeck grübelte schon mit sieben Monaten.

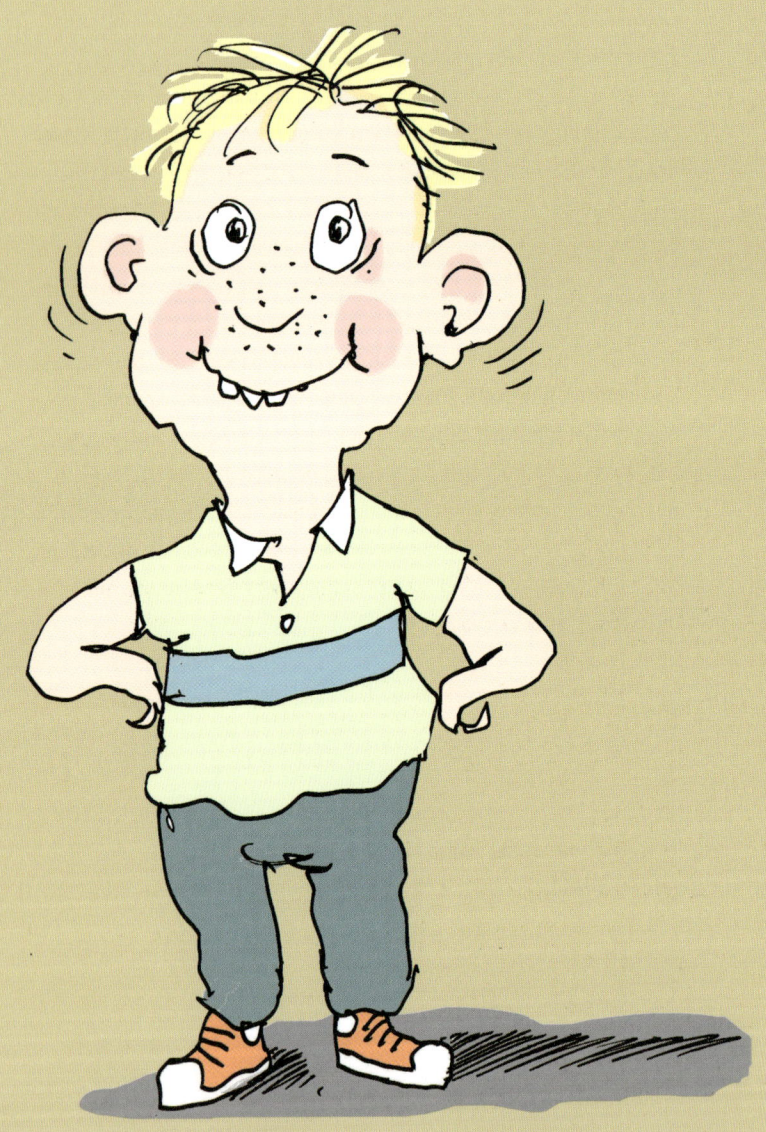

Obwohl er noch nicht sprechen konnte, fragte er sich im Stillen, warum der Brei warm besser schmeckte als kalt. Er fragte sich, warum Bananen krumm sind, warum es nachts dunkel wird, wie die Lampe über seinem Bett leuchten konnte und wer sich das schrecklich geschmacklose Muster auf seinem Strampelanzug ausgedacht haben mochte. Fragen über Fragen, auf die Pumbeck zu seinem großen Ärger nicht immer eine Antwort wusste. Aber er versuchte es. Zum Beispiel stellte er sich vor, dass es in Afrika fest angestellte Bananenbieger gibt. Die leckeren Früchte, so dachte er sich, würden nicht krumm, sondern gerade wie ein Lineal geerntet, dann aber von den Biegern mit einem kräftigen Ruck und dem lauten Ruf »Uga-Lalla-Ugga« gebogen und anschließend nach Deutschland geschafft. Und zwar, weil man dort findet, dass krumme Bananen besser zu Kiwis und Äpfeln passen. Weil die sich so nett in die Bananenkrümmung kuscheln können. Solche Sachen dachte sich der kleine Pumbeck. Er verstand schon nach fünf Monaten, was seine Eltern redeten. Selber sprechen konnte er da aber, wie gesagt, noch nicht. Sein Mund war noch nicht so weit. Vor allem fehlten ihm die Zähne, die man braucht, um zum Beispiel den Satz »Saubere Soßen pfeifen Samba« zu sagen. Wiederholt das mal, dann werdet ihr sehen, dass man für diesen Satz Zähne braucht.

Im Alter von zehn Monaten und als stolzer Besitzer einiger Zähne beschloss Pumbeck, dass es nun an der Zeit sei, sich ins Gespräch einzubringen.

Er begann zu sprechen. Einfach so.

Aber er sagte nicht »Mama«, »Adda adda« oder »Bubba« wie andere Kinder in seinem Alter. Nein, Pumbeck sprach sofort in ganzen Sätzen. Und sein erster war dieser: »Mutter, ich hätte jetzt doch recht

gern ein Glas frisch gepressten Orangensaft.« Maria Knittel fiel vor Schreck eine Schüssel mit Orangen aus der Hand. Die Schüssel zerbrach in tausend Teile, und die Orangen kullerten in der Küche herum. »Mmmh, interessant«, murmelte Pumbeck und runzelte die kleine dicke Stirn. »Warum rollen Orangen, nachdem sie auf die Erde gefallen sind? Warum blieben sie nicht einfach liegen? Das muss mir mal einer sagen.«

Ja, Pumbeck war schon ein sehr ungewöhnliches Kind.

Als er ein Jahr alt war, begann Pumbeck zu laufen und fragte seine Eltern, ob er den Führerschein machen könne. Maria und Horst Knittel mussten zu ihrem größten Bedauern verneinen. Dies ginge leider erst mit 18 Jahren. Sie schlugen ihrem schlauen Sohn ungern etwas ab, weil er sie dann stets in endlose Diskussionen verstrickte oder drohte, das Jugendamt einzuschalten. Im Allgemeinen jedoch verstanden sich Pumbeck und seine Eltern prima. Das Einzige, was sie manchmal etwa anstrengend fanden mit ihrem Sohn, war, dass er ständig etwas wissen wollte. Man sagt in so einem Falle ja, jemand frage anderen ein Loch in den Bauch; Pumbeck fragte seinen Eltern eine Grube, ach was, einen Vulkankrater in den Bauch. »Wie weit ist der Mond weg?«, piepste er. »Warum trage ich kein Halsband?« »Wo läuft das Wasser hin, wenn ich den Stöpsel aus der Badewanne ziehe?« »Warum ist die Erde eine Kugel?« »Können Esel lügen?« »Wer hat die Welt gebaut?« »Kann man Geräusche einsperren?« »Ist Dummheit eine ansteckende Krankheit?«

Oft saß er in seinem Zimmer und dachte einfach nur nach.

Manchmal dachte er so laut nach, dass es sogar ein wenig aus seinem Kopf heraus brummte.

Eines Tages nahm Pumbeck sich ein Buch aus dem Regal und murmelte: »Wollen doch mal sehen, was diese Zeichen zu bedeuten haben.« Dann runzelte er die Stirn in der schon bekannten Art und Weise, ließ sich von seinen Eltern erklären, welcher Buchstabe für welchen Laut stand, und lernte so in zwei Stunden lesen.

»Ich begrüße das sehr«, sagte er anschließend und hüpfte zu seiner

Mutter auf den Schoß. »Ich weiß, dass ihr beiden euch Mühe gebt. Aber nun kann ich mir mithilfe dieser gedruckten Werke einen Großteil meiner Fragen wohl selbst beantworten.«

Dann hielt er inne, dachte kurz und heftig nach und sagte: »Und wenn ich es richtig betrachte, wird es nicht von Nachteil sein, wenn ich auch selber lerne, diese lautsymbolisierenden Zeichen zu produzieren.«

Also nahm er sich einen Bleistift und ein Blatt Papier und brachte sich unter heftigem Stirnrunzeln und sehr lautem Gehirnbrummen das Schreiben bei. Sein erster selbstverfasster Satz (selbstverständlich fehlerfrei) lautete: »Ich wünsche mir von meinen Eltern – die übrigens schwer in Ordnung sind – ein 24-bändiges Lexikon, welches aber auf dem neuesten Stand der Wissenschaft sein muss.«

Tatsächlich bekam er bald so ein Lexikon, und eine Woche später schrieb Pumbeck kleine, kritische Abhandlungen über Atomphysik und Quantentheorie auf Klopapier. Warum er kein normales Papier nahm? Eine gute Frage, die Pumbeck wie folgt beantwortete: »Die Vorläufigkeit meiner Gedanken verbietet mir die Benutzung des teuren Schreibpapiers. Ich lerne ja noch, und wenn ich mich irre, kann ich die niedergeschriebenen Irrtümer eins-fix-drei im Klo runterspülen.«

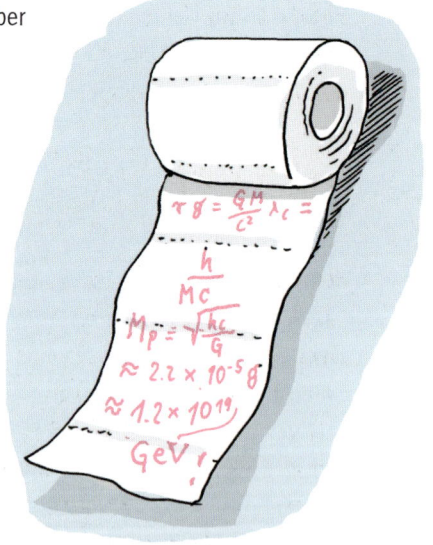

Ihr seht, Pumbeck war nicht nur schlau, er konnte auch recht witzig sein.

Er las viel, und wenn er spielte, spielte er stets Wissenschaftler. Dazu baute er sich in seinem Zimmer mit seinem Vater zusammen ein Laboratorium mit einem Tisch und einigen Apparaten auf. Darin stand er dann zwischen Reagenzgläsern und einer ausgemusterten Kaffeemaschine in einem weißen Kittel und murmelte irgendwelche Formeln.

Er wünschte sich Bücher über Chemie und Physik. Die bekam er. Er wünschte sich eine echte Laborausrüstung. Die bekam er auch — aber erst zu seinem dritten Geburtstag. »Ich habe beschlossen, der größte Erfinder der Welt zu werden«, sagte er, als seine Eltern ihm morgens einen »Herzlichen Glückwunsch« wünschten: Und von diesem Tag an begann er zu planen, zu basteln, zu bauen und zu werkeln. Erst waren es Autos, später Raumschiffe aus Holz, dann ein maßstabgetreues Modell unseres Planetensystems mit Planeten aus Gouda-Käse. Danach erfand er eine Autorennbahn für den Hamster eines Nachbarn. Der konnte in einem kleinen Auto gegen eine Wüstenspringmaus um die Wette rasen. Das Problem war nur, dass der Hamster die beiden Loopings nicht mochte, weil ihm da immer schlecht wurde.

Pumbecks Eltern sorgten sich zunehmend, dass ihr Junge überhaupt nicht mit anderen Kindern spielte und daran vor lauter Erfinden und Grübeln offensichtlich auch überhaupt kein Interesse hatte. Sie beschlossen deshalb, ihren Sohn in den Kindergarten zu schicken. Pumbeck, er war gerade vier geworden, sagte nur: »Okay, machen wir, wenn es euch so wichtig ist«, und las weiter in seinem Buch über Quantencomputer.

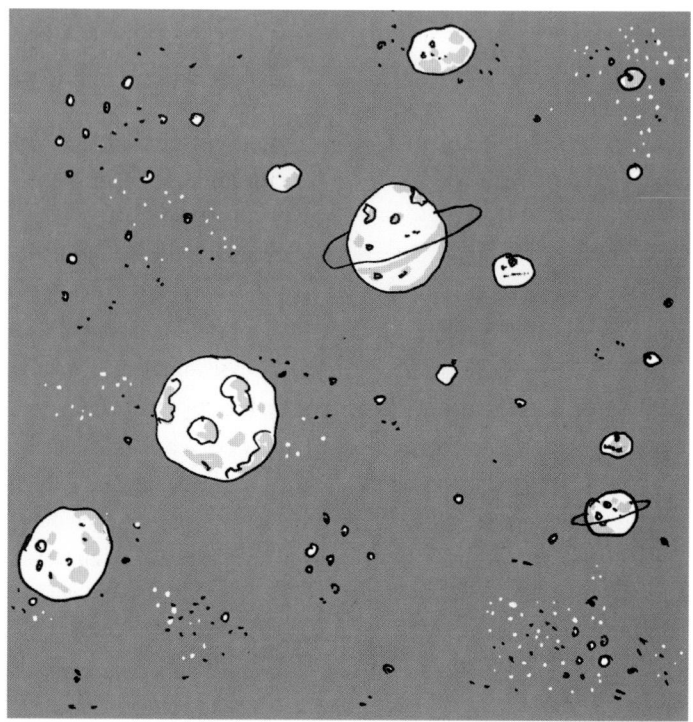

Am nächsten Tag ging es dann in den Kindergarten. Pumbeck wurde einer älteren Dame mit dem Namen Frau Briese vorgestellt. Sie beugte sich zu Pumbeck hinunter und flötete mit übertrieben freundlicher Stimme: »Ach, und das ist nun der kleine Pumbeck. Sag mal, wie alt bist du denn, mein Schatz?«

»Vier«, antwortete Pumbeck. »Und Sie?«

»So was fragt man nicht, Pumbeck«, tadelte ihn Frau Briese.

»Warum nicht? Sie haben mich doch auch gefragt.«

»Aber ich bin erwachsen. Und du bist ein Kind.«

»Das ist richtig beobachtet«, bemerkte Pumbeck. »Aber was hat das mit der Frage nach meinem oder Ihrem Alter zu tun?«

»Nun, ich äh ...« Frau Briese wurde rot und wusste nicht mehr recht weiter. »Also, wie gesagt, so was fragt man nicht«, sagte sie schließlich.

»Wer ist man?«, fragte Pumbeck.

»Welcher Mann?«

»Na, Sie sagten doch gerade: So was fragt man nicht. Und nun will ich wissen, wer man ist.«

Frau Briese sah Pumbeck nur mit großen Augen an.

Pumbeck grinste und fuhr dann fort: »Also, ich versuche mir die Frage selbst zu beantworten. Ich denke, dass das Indefinitpronomen MAN, das Sie hier benutzten, stellvertretend für das normierte Verhaltensrepertoire der Allgemeinheit steht, das Sie hier als auch für mich verbindliche Handlungsrichtschnur bemühen wollen, nicht wahr?«

Frau Briese stand mit offenem Mund da und schwieg. Pumbeck blieb keinen halben Tag im Kindergarten. Schon gegen 11 Uhr rief Frau Briese bei Pumbecks Eltern an und bat sie, ihren Sohn abzuholen.

Fortsetzung folgt durch den Leser. Dann mal ran ...

Der Wald und ich

ES BEGANN MIT EINEM TANNENBAUM

Es ist ja immer gut, wenn wir alten Kerle uns auch mal von unserer politisch korrekten Seite zeigen. Alternativ ist noch besser. Das tut uns gut, anderen auch, und vor allem kommt es meist gut an. Ich will Ihnen hier erzählen, wie ich jüngst zum Ökofarmer wurde, obwohl ich eigentlich was ganz anderes, wenig Nachhaltiges vorhatte. Aber ich hatte keine Chance, und das kam so:

Bei uns zu Hause hat es letztes Jahr eine Diskussion um Weihnachtsbäume gegeben, vor allem um die Frage, ob wir zum Fest überhaupt noch einen haben sollten. Ich wollte eigentlich keinen mehr. Aber meine Frau und unser Großer protestierten. Das sei ja total unfestlich. Ein Baum müsse sein. Der Große hat eine starke Affinität zur Kirche, und ich versuchte, ihn theologisch zu kriegen. »Wusstest du, Bursche«, sagte ich, »dass der Weihnachtsbaum ursprünglich ein heidnisches Symbol war?«

»Ach, Vadder«, antwortete der und zupfte an seinem Zippelbart. »Die Kirche hat in ihrer Geschichte jede Menge Zeugs aus anderen Clubs eingearbeitet. Das ist kein Problem. Und außerdem: Die Familien und Freunde versammeln sich um den Baum. Das ist der urchristliche Gemeindegedanke. Also, alles in Butter.«

Verdammter Sophist.

Da hätten wir dann also eine dezent vorgebrachte pubertäre Enthaltung, ein »Nein« und zwei klare Befürworter. Fazit: Es musste ein Baum her. Jetzt schaltete sich der Große wieder ein. »Aber, Vadder«, sagte er. »Ich lehne diese abgesägten Dinger aus Monokulturen ab. Das ist ökologisch unverantwortlich. Da werden riesige Landflächen verödet, und dann schmeißen wir die Dinger nach ein paar Wochen weg oder verfeuern sie. Außerdem werden dort jede Menge Herbizide eingesetzt. Geht alles gar nicht.«

»Okay, dann sägen wir uns illegal einen im Wald ab«, sagte ich. Ein tadelnder Blick.

»Indiskutabel, wir holen einen mit Ballen.«

»Wie, Ballen?«

»Mit Wurzelballen«, präzisierte er. »Der Baum wird dann nach dem Abfeiern wieder eingepflanzt.«

Und so kam es.

In einer Ökobaumschule kauften wir einen Baum mit Ballen. Eine »Omorika«, eine stattliche, serbische Fichte in einem großen, schweren Topf. Man instruierte uns streng. Die Fichte müsse sich allmählich an den Wechsel zwischen kalter und warmer Zimmerluft gewöhnen.

»Lagern Sie sie einen Tag in der Garage, bevor sie im Zimmer aufgestellt wird«, sagte der bärtige Baumpädagoge. »Gießen Sie den Baum täglich, und pflanzen Sie ihn nach etwa einer Woche wieder nach draußen. Achten Sie darauf, dass sich die Ballenerde nicht von den Wurzeln löst. Sie sind verdammt empfindlich.«

Verschreckt fuhren wir mit der Omorika nach Hause.

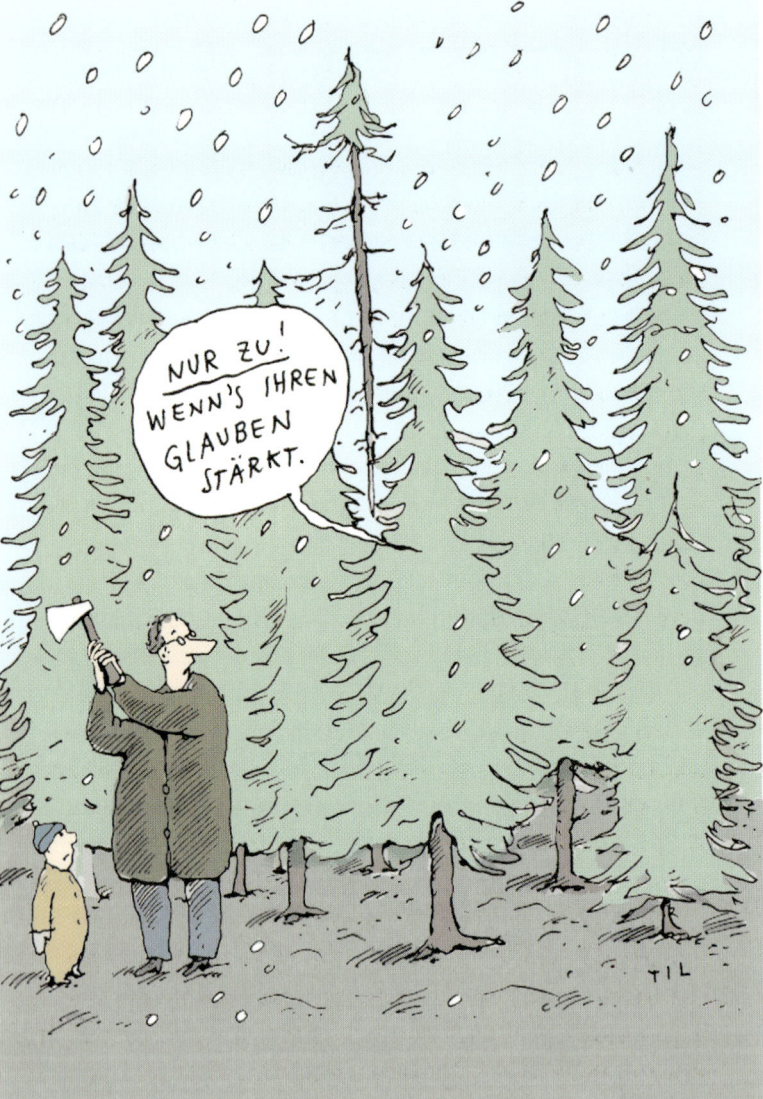

Ich wollte doch nur einen Tannenbaum kaufen und nicht gleich Forstwirtschaft studieren.

Folgsam ließen wir den Ballenbaum einen Tag in der Garage stehen und wuchteten ihn dann mit aller gebotenen Vorsicht ins Wohnzimmer. Dort stand die Serbin dann mächtig und drohend. »Wie das Ding aus der Einkaufspassage«, murmelte der Große nachdenklich. Dem Jüngsten war auch das scheißegal. Die Tage vergingen. Wir wässerten. Wir besprenkelten. Wir feierten schließlich, und im Januar gaben wir die Fichte der Erde zurück. Dazu huben wir ein Loch von der Größe eines mittleren Gartenteichs aus, und die Jungs schleppten die Serbin ächzend auf einer Sackkarre herbei. Es fiel beim Wiedereintritt in die Erdatmosphäre kaum Ballenerde herab. Puh! Mission accomplished. Zumindest bis zum Ausbuddeln im Folgejahr. Doch dann las der Große im Internet, dass Bäume mit Ballen das dauernde Ein- und Auspflanzen selten überleben. Nicht mit uns und der Serbin! Und so beschlossen wir einfach, uns jedes Jahr einen neuen Ballenbaum zu kaufen und wieder einzupflanzen. Das taten wir auch, und so werden wir es auch in Zukunft machen. Jahr um Jahr.

Und wenn dann in einigen Jahrzehnten die Kinder meiner Kinder auf unserem Grund durch einen dichten serbischen Fichtenwald streichen, in dem es Wölfe und Bären gibt, dann wird mein Großer als Opa an seinem Bart zupfen, seinen Blick über den gewaltigen Forst streichen lassen und murmeln: »War echt 'ne Scheißidee damals.«

Method Acting zum Fest

ALS ICH EINMAL EIN

WEIHNACHTSMANN WAR

Meine Söhne sind ja schon groß. Ich liebe sie sehr, aber sie verweigern neuerdings das von mir so geschätzte Herumalbern: Kissenschlachten, Durchkitzeln, Gruselgeschichten unter der Decke erzählen, überfallartiges Erschrecken etc. Okay, sie sind 19 und 17. Ich bin diesbezüglich seit einiger Zeit unterbeschäftigt. Also bespaße ich ständig die jüngeren Kinder unserer Freunde. Kein Wunder also, dass ich letztes Jahr gebeten wurde, bei einer Familie am Heiligen Abend den Weihnachtsmann zu geben.

Sie sollten das auch mal tun, aber Vorsicht; man kann da eine Menge falsch machen. So wie ich.

Ich zog also einen roten Mantel an, setzte eine Kapuze auf und klebte mir einen Bart an. Dann sprang ich ins Wohnzimmer der befreundeten Familie und rief: »Ho, ho, ho!« Die kleine Verena blickte auf und fragte: »Warum hat denn Onkel Kester so eine doofe Kapuze auf?« Ich sagte wieder: »Ho, ho, ho«, und verließ rückwärts gehend das Zimmer, nicht ohne mit dem Gabensack noch einen Ker-

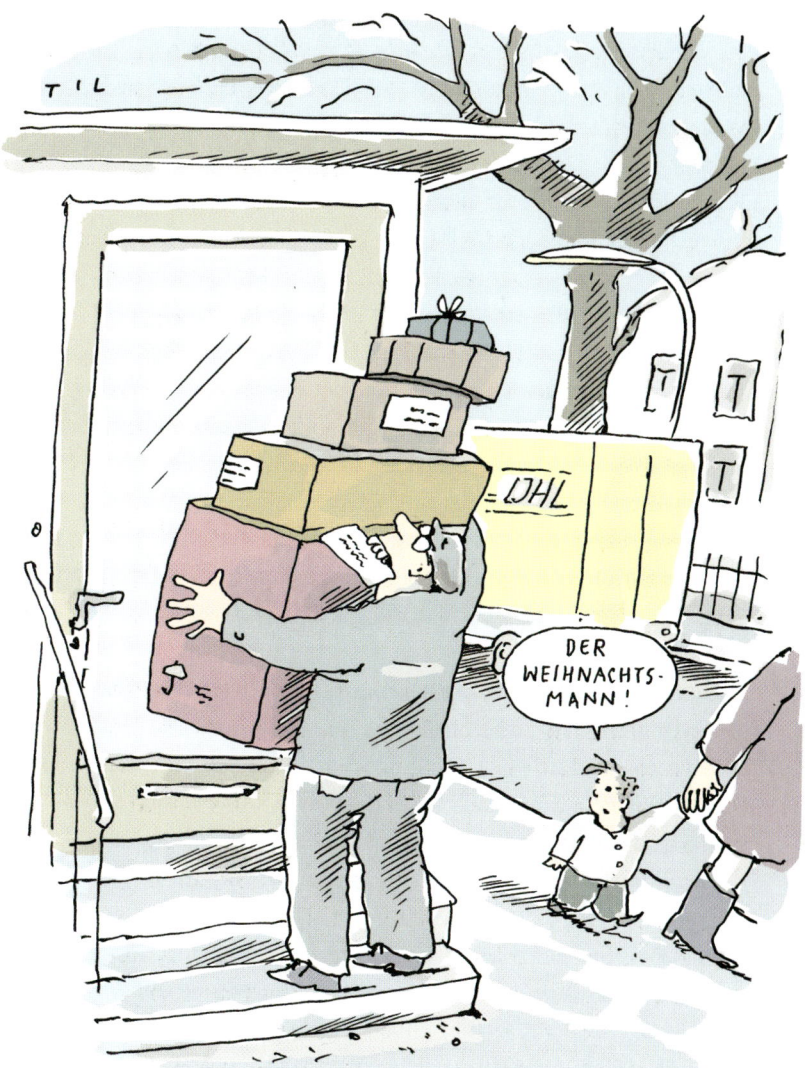

zenständer vom Beistelltisch zu fegen. Außerdem hatte ich das
Gefühl, dass der fusselnde Bart lungengängige Mineralfasern
enthielt, ich sollte mir deshalb wochenlang Sorgen machen. Und
dann sagte Verenas Mutter im Flur auch noch: »Na, du bist mir ja
vielleicht ein Weihnachtsmann.«

Es lief noch nie gut mit mir und Santa Claus. Schon damals nicht, als
unsere eigenen Kinder noch klein waren. Wir kamen erst einmal ganz
gut ohne den bärtigen, rotmäntligen Herrn aus. Die ersten beiden
Jahre reichte es, die Geschenke einfach unter den Baum zu legen.
Die wurden dann ausgepackt und begeistert vollgespeichelt. Und
als die Jungs dann älter wurden, beschlossen meine Frau und ich,
dass wir auch weiterhin nichts von einem Weihnachtsmann erzählen
wollten.

**Denn warum sollten wir das gemeinsame Beschenken
und das Gedenken an die Geburt des Herrn mit einer
Lüge beschmutzen?**

Dann aber kamen die Jungs in den Kindergarten. Und dort erzählten
ihnen die anderen von diesem bärtigen Wohltäter, der all die Kinder
weltweit beschenkt. Na ja, fast alle. Mehmet nicht, und der fand das
verständlicherweise total fies. »Da geht es schon los«, sagte ich.
»Kaum ist der Weihnachtsmann im Spiel, kommt es zum Clash of
Civilizations.« Unsere Jungs aber waren begeistert. Sie wollten glauben: an Santa Claus und Rudolf, das besoffene Rentier mit dem
roten Zinken, und den vollgepackten Schlitten und die Glöckchen
und das alles. Und so ließen wir es zu und machten das Spiel mit. Sie
durften Wunschzettel an den alten Mann schreiben. Und – ja – wir
sagten sogar Sätze wie: »Wenn du jetzt schön ins Bett gehst, dann
freut sich auch der Weihnachtsmann, und du bekommst die Playmo-

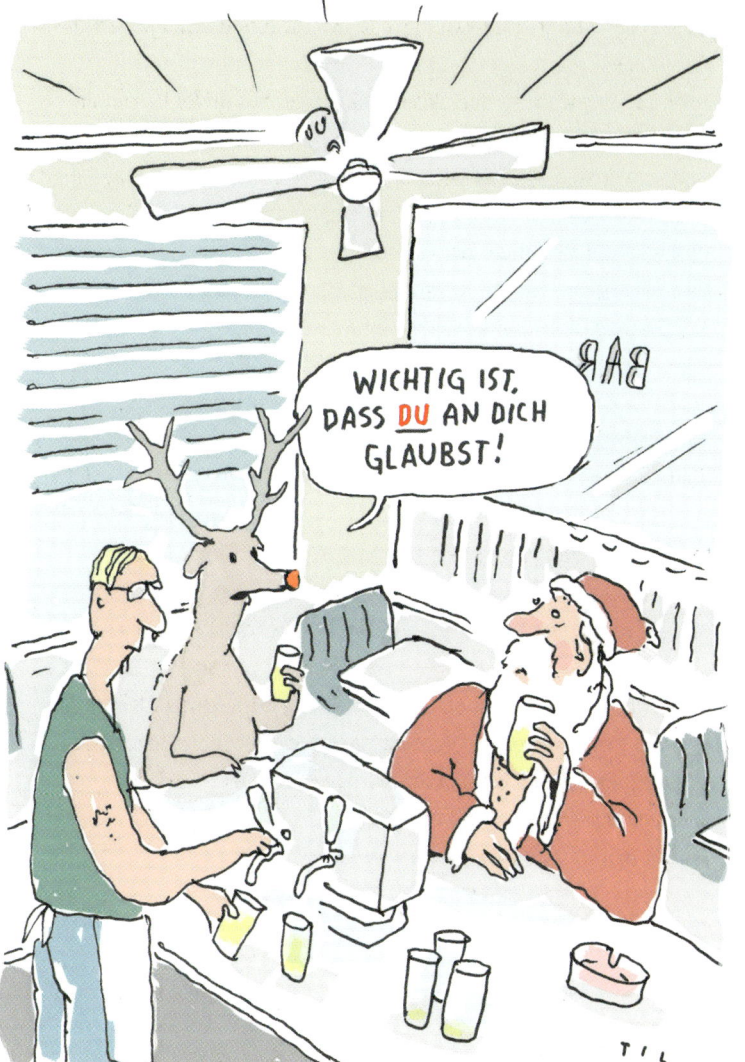

Ritterburg mit der Folterkammer.« Ja, wir hatten gesündigt. Santa war in uns.

Eines Tages reichte es mir. Unsere Kinder lernten in der Vorschule wissenschaftliche Dinge, erfuhren vom All und den Naturgesetzen. Und so recherchierte ich, setzte mich eines Abends an ihr Etagenbett und sagte: »Männer, wenn der Weihnachtsmann an einem Tag des Jahres sämtliche Kinder der Christenheit beschenken würde, müsste er mit dreitausendfacher Schallgeschwindigkeit fliegen. Dann würde er aber mitsamt seinen Tieren und dem Schlitten wie eine Raumkapsel beim Eintritt in die Erdatmosphäre verglühen. Setzt man zudem nur ein Kilo pro Geschenk an, würde sein Schlitten 326 400 Tonnen wiegen und

müsste von 200 000 Rentieren gezogen werden. Und dazu müsste er es noch schaffen, in einer Sekunde genau 822,6 Familien zu beschenken. Männer, das schafft der nie. Es gibt keinen Weihnachtsmann.« Beide blickten mich aufmerksam an, der Große überlegte einen Moment und sagte dann zum Kleinen: »Der macht das bestimmt zusammen mit Superman.«

Da gab ich auf.

Kukidentos und Klimakteria: Fifty Man 2

EIN ALTER SUPERHELD

IST WIEDER UNTERWEGS

Falls Sie *Fifty Man* noch nicht kennen, möchte ich ihn vorstellen. Ich habe diesen Mann in einem Traum erschaffen. Darin war ich ein Superheld – kein normaler, sondern ein alternder Superheld. Ich war *Fifty Man*! Ein Held in den besten Jahren. Muskulös, aber man sieht einen deutlichen Bauchansatz und Rettungsringe an den Hüften. *Fifty Man* ist halt nicht mehr zwanzig, sondern ein alter Sack, aber einer mit Superkräften, der in einem eng anliegenden Kostüm für das Gute kämpft.

Tja, und in dieser Traumwelt leben noch andere Superhelden, alle sind Best-Ager. Zum Beispiel meine Freundin *Falten Woman*, eine schöne, superkräftige, aber reife Frau. Mein bester Kumpel heißt *Bett Man*, ein achtzigjähriger Hero, der in einem fliegenden, technisch aufgerüsteten Altenheimbett für Recht und Ordnung sorgt. Unsere Erzfeinde sind *Wampen Man*, ein Superheld mit einem gewaltigen, zerstörerischen Blähbauch, und dessen bösartiger Verbündeter *Tatter*

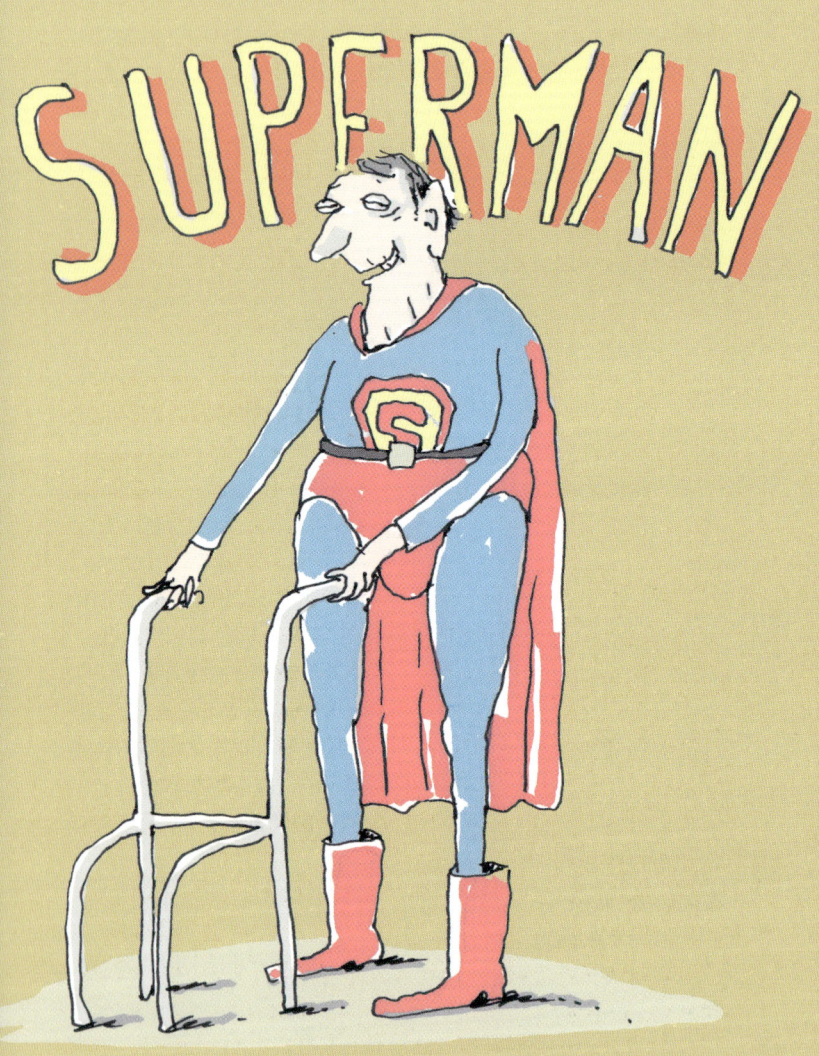

SUPERMAN

„DIE GOLDENEN JAHRE"

Man aus der Parkinson-Sippe, der in so hoher Taktzahl zittert und vibriert, dass man ihn praktisch nie zu fassen bekommt. Lesen Sie jetzt hier das neueste Abenteuer von *Fifty Man*, das ich in der letzten Nacht geträumt habe:

Ich fliege gerade über Hamburg. Neben mir *Falten Woman* in ihrem etwas zu knappen Dress. Nein, diese Superfrauen.

Die Straße unter uns sichert *Bett Man*. Er winkt uns zu und beschleunigt auf 180 km/h. Sein Bett hat einen Porschemotor. Cooler Hund, das. Wir sind unterwegs, weil unsere Spione gemeldet haben, dass eine Schar gegnerischer, extrem bösartiger, geriatrischer Superhelden unterwegs ist. Es existiert da ein Chapter dieser Typen irgendwo im Süden, und nun wollen sie es wissen. Aber noch sehen wir nichts. Doch da – was ist das? Irgendetwas kommt *Bett Man* mit rasender Geschwindigkeit entgegen. Es droht ein Zusammenstoß. *Bett Man* weicht aus, kommt ins Schleudern und kracht samt Bett in einen Wald hinein. Und jetzt sehe ich es: Der Verursacher ist *Rollator* – der rasende Rentner mit Raketen in den Griffen seiner Gehhilfe und Turboantrieb in den Gesundheitsschuhen. Ich kenne seine Pläne. Er will die Weltherrschaft und aus Selbsthass alles Alte vernichten. Jeder Mensch über 70 soll mithilfe von Valiuminjektionen ruhiggestellt werden und vor dem Fernseher beim Musikantenstadl in den Tod hinüberdämmern.
Vorher muss er uns allerdings besiegen. *Bett Man* ist sein erstes Opfer geworden. Mein Freund liegt blutend neben seinem Bett.

RACHE! Es kommt zum Showdown.

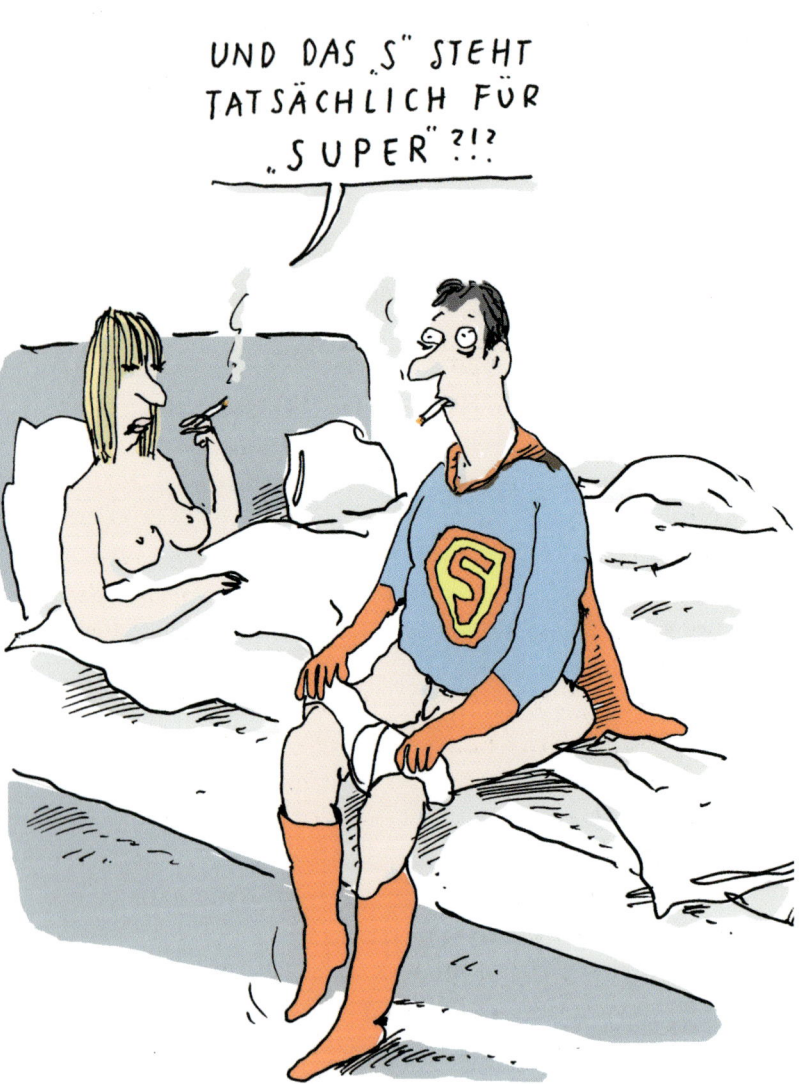

Ich setze zum Sturzflug an. *Rollator* schießt Senilitäts-Granaten in den Himmel. *Falten Woman* wird getroffen und stürzt sabbernd ab. Ich kann sie gerade noch auffangen und beantrage schnell Pflegestufe 4, bevor ich mich zum finalen Kampf mit *Rollator* aufmache und auf ihn zustürze. Der Fiesling aber setzt seinen gefürchteten Verkalkungsblick ein, hochdemente Strahlen sprühen aus seinen weitsichtigen Augen. Damit habe ich gerechnet: Noch im Fluge reiße ich einen Spiegel hoch, der Verkalkungsblick wird reflektiert, und unter großem Gebrüll vergreist *Rollator* in Sekunden und fängt brabbelnd an, Kreuzworträtsel zu lösen. Sieg! Ich sammle meine verletzten Kumpane ein und fliege zurück in Richtung Hamburg. Aber ich habe die Niedertracht meiner Feinde unterschätzt – aus einer Baumkrone stürzt sich ein furchtbarer Gegner auf mich: *Kukidentos*, der betagte Beißer mit kariösem Charisma. Wer in das Lächeln dieses Mannes blickt, wird zu einem willenlosen Implantat und reiht sich ein in die Armee der zahnlosen Zitterer. Ich kann gerade noch wegsehen, donnere aber gegen eine Pinie und rutsche benommen den Stamm des Baumes hinunter auf die Erde.

Dort liege ich und sehe, wie *Kukidentos* auf mich zukommt.

Langsam öffnet er seinen zerstörerischen Mund. Das ist das Ende. Doch da – es knallt – und *Kukidentos* zerplatzt in einem Schwall aus Zahnschmelz und Haftcreme. Als sich der feuchte Nebel lichtet, sehe ich, wer mich gerettet hat: *Prostatus*, der düstere Drüsendämon hat meinen Gegner mit einem beherzten Strahl aus seinem Glied niedergestreckt. Sein Urin ist toxisch, aber er ist ein guter Kerl, und offensichtlich hat er sich erinnert, dass ich ihm einmal das Leben gerettet habe, als er einen tödlichen Kampf mit der Killerin *Klimakteria* zu

verlieren drohte und ich ihn mit meiner Hormonkanone von der wechseljährigen Wüterin befreite. So weit, so gut. Der Kampf hier und heute war gewonnen. *Prostatus* und ich sammelten *Falten Woman* und *Bett Man* ein und flogen nach Hause. Auf ein Bier unter alten Supersäcken!

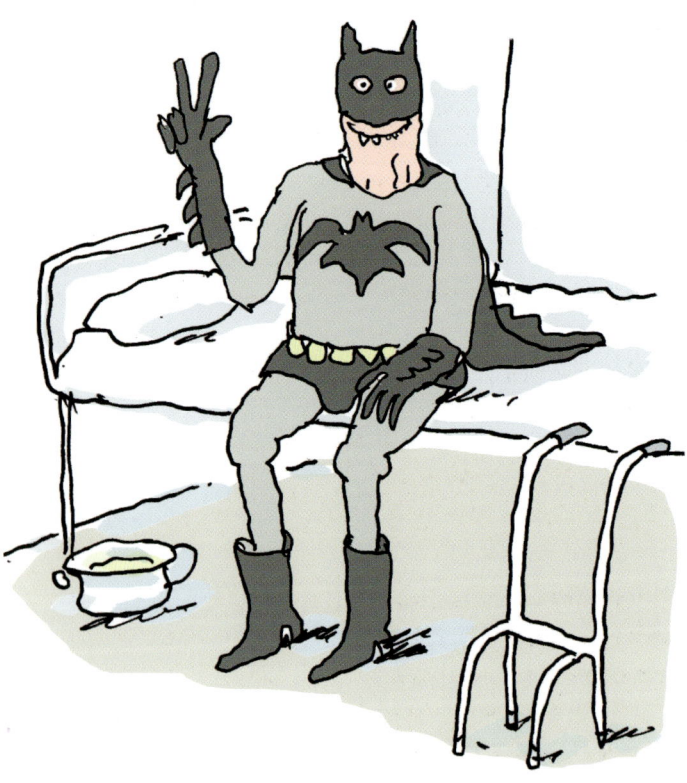

Smalltalk

Tja, Männer, je älter wir werden, desto weniger können wir mit den typischen männlichen Verhaltensmustern unserer Jugend punkten. Einfach nur cool oder lustig sein, das reicht nicht mehr.

Früher, als wir noch jung und mehr oder weniger gut aussahen, kamen wir mit diesen Sachen noch durch. Man saß da, gackerte und »wirkte«.

Heute müssen wir mehr bringen. Zum Beispiel »gute Gespräche« bei Einladungen mit Freunden oder gar – schlimmste aller Heimsuchungen – mit Geschäftspartnern. Nicht jedem von uns alten Säcken ist das in die Wiege gelegt.

Ich habe zwar keine Ahnung von Fußball oder Autos, kann also oft bei typischen Männergesprächen nur nicken oder blöde Minimalbestätigungen grunzen (»So isses«, »Alter, echt wahr« oder das wunderbar widersprüchliche, aber allseits brauchbare »Ja, nee«). Dafür bin ich ansonsten ein recht ordentlicher Smalltalker. War ich schon als Kind und Jugendlicher, und das hab ich als Journalist dann mehr oder weniger perfektioniert. Vielen Männern aber fällt das schwer.

Erst neulich erzählte mir ein Freund von einer Runde, in der Herren saßen, die einander nicht oder kaum kannten. Die Frauen diskutier-

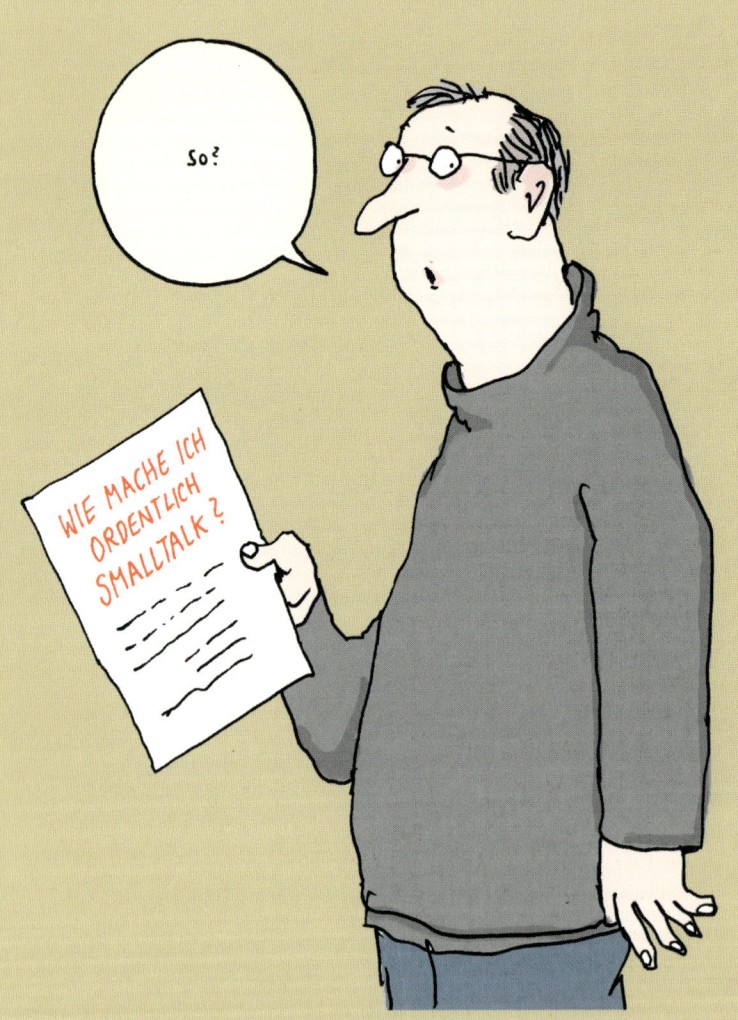

ten angeregt schulische Themen des Nachwuchses, die Herren saßen da und sagten Sachen wie »So ein Bier tut gut« oder »Mann, ist das'n Wetter«. Und dann kam bald nix mehr.

Lassen Sie uns deshalb hier mal ein paar grundsätzliche Gesetze des Smalltalks miteinander besprechen, damit so was nicht mehr vorkommt. Fangen wir mit dem richtigen Thema an. Politik ist heikel, wenn man die anderen nicht so gut kennt. Klar, man kann den Minister, den man am doofsten findet, als »inkompetenten Vollpfosten« bezeichnen. Aber wenn der in der CDU ist und der Gastgeber Vorsitzender des CDU-Ortsvereins, kann es zu Verstimmungen bereits bei der Vorspeise kommen.

Kultur ist besser.

Wenn Sie ein gutes Buch gelesen haben, kann man nach einem Blick auf das Regal der Gastgeber sehr schön sagen: »Sie lesen ja anscheinend auch recht gern. Ich habe kürzlich ein wahnsinnig schönes Buch gelesen ...« Und dann erzählen Sie in zwei, drei Sätzen, was Sie daran fasziniert hat. Hilfreich ist hier, wenn Sie wirklich ein wahnsinnig schönes Buch gelesen haben.

»Blasenschwäche – das verschwiegene Leiden« oder »Vivian – intime Bekenntnisse eines tabulosen Callgirls« sind da nicht so empfehlenswert.

Es sollte schon ein Roman oder ein angesagtes Sachbuch sein. Meine Hoffnung ist, dass einige der anderen Männer auch mal in ein Buch geschaut haben oder sich zumindest die Frauen dann sprachlich einklinken.

Gut sind auch schöne Kinoerlebnisse. Fast jeder geht ja ab und an mal in ein Lichtspielhaus, und selbst Actionfilme mit Leuten wie

Russel Crowe lassen sich mit ein wenig ironischer Distanz (»Ich habe mich wunderbar unter meinem Niveau amüsiert«) thematisieren. Wenn Sie es mit einer gebildeten Runde zu tun haben, müssen Sie allerdings gelegentlich auf die Meta-Ebene überwechseln – also eine übergeordnete Sichtweise einnehmen (»Das Kino grundsätzlich«).

Nützlich ist immer, über Filmkritiker herzuziehen. Ich war selber mal einer und weiß, wovon ich rede. Filmkritiker schreiben häufig nicht für ihre Leser, sondern für andere Filmkritiker und bedienen sich vertrackter Insiderformulierungen, die man dechiffrieren können muss. Ich trage hier mal ein paar anhand von Beispielen zusammen. Das kann Ihnen für den Smalltalk sehr nützen. Denn dann können Sie die Buben scherzhaft entlarven. Das kommt immer gut. Ich übersetze jetzt mal hier für Sie:

Der Filmkritiker schreibt:

»In ruhigen, elegischen Bildern fährt die Kamera über karge Landschaften, um schließlich auf den schweigenden Gesichtern der Landbevölkerung zu verharren, die so viele Geschichten zu erzählen haben.«

Gemeint ist: Für Pinkelpausen ist gesorgt.

Der Filmkritiker schreibt: »Mit irritierenden, rasanten Schwenks und ungewöhnlichen Perspektiven verdeutlicht der Regisseur die innere Unruhe und Zerrissenheit seiner Charaktere.«

Gemeint ist: Der Kameramann war volltrunken.

Der Filmkritiker schreibt: »Obsessive Sexualität ist das Thema des französischen Starregisseurs. Seine Darsteller haben ihm vertraut. Schonungslos legen sie ihre Körper und ihre Gefühle bloß.«

Gemeint ist: Nach dem Sex wird geweint.

Der Filmkritiker schreibt: »Voyeure kommen hier nicht auf ihre Kosten.«

Gemeint ist: Das Filmplakat führt in die Irre. Es gibt kaum gute »Stellen«.

Der Filmkritiker schreibt: »Es ist mühsam, ja quälend mit anzusehen, wie hier ein Mensch das Anders-Sein zeigt. Hier ist jemand, der sein möchte wie wir, aber es nicht kann. Wer soll den Blick auf dieses Gesicht ertragen, diese zerstörte Seele, ohne unwillkürlich zusammenzuzucken?«

Gemeint ist: In diesem Film spielt ein deutscher Volksmusiker mit.

So, jetzt haben wir schon mal ein paar ganz gute Grundlagen für ein ordentliches, niveauvolles Gespräch. Grundlagen, auf denen sich aufbauen lässt. Musik kann auch ein schönes Thema sein. Wir Leute um die 50 schwelgen ja gern in Erinnerungen an früher, als wir noch mit

unserem Kassettenrecorder mit erwartungsvollem Spreizgriff (Play und Aufnahmetaste mussten ja gleichzeitig gedrückt werden) vor dem Radio hockten und auf die Hits von T. Rex, Deep Purple, Slade und anderen warteten. Musik war ja damals noch nicht allgegenwärtig, sondern ein rares, wertvolles Gut, das es im richtigen Moment zu konservieren galt und das dann bei wundervollen Engtanz-Feten in Partykellern gehört wurde. (Ich sach nur: Pink Floyd mit »Shine On You Crazy Diamond« oder Donna Summers »Love to Love You Baby«.) Mann, war dat schön damals. Darin gemeinsam mit der nötigen Portion Selbstironie zu schwelgen ist ein wunderbares Thema und kann ganze Abende retten. Denn immer zieht eine/r noch einen anderen Knaller von damals aus dem Hut. Das funktioniert übrigens ebenso mit TV-Serien wie »Flipper«, »Bonanza«, »High Chaparral«, »Immer, wenn er Pillen nahm« oder »Mit Schirm, Charme und Melone«. Jede/r hatte eine Lieblingssendung und wird sie in derartigen Gesprächen mit Verve verteidigen. Meine war übrigens »Raumschiff Orion«. Das Größte, das absolut Größte! Bis heute! Ich sag's Ihnen. Sogar besser als »Raumschiff Enterprise«. Aber das war auch der Oberknaller. Aber nur die Folgen mit Spock, Kirk und Scotty. Scotty war ja sowieso der Hit. Technikchef in einem futuristischen Raumschiff mit Lichtgeschwindigkeit – und immer, wenn was kaputt war, musste er ölverschmiert in einem Blaumann mit Werkzeug wie ein Dampfschiffmechaniker irgendwo draufhauen und dran rumdrehen, damit die Mühle wieder losdüsen konnte. Herrlich, das. Sie ahnen: ein Riesenthema!

»Sacksen« – eine Utopie

EIN BUNDESLAND, NUR FÜR SÄCKE

UND SÄCKINNEN

So, die ganze Zeit reden wir darüber, wie man sich als alter Sack optimiert und dem Alter mit Gegenwehr Paroli bietet. Jetzt ist es Zeit, auch mal ein wenig zu schwelgen, in die Zukunft zu blicken. In eine rosige, bitte schön. Wir brauchen: EINE UTOPIE! Eine Idealgesellschaft, die wir uns in unseren Träumen vorstellen, damit wir dranbleiben, am Kampf gegen die Versackung. Hier ist sie, meine Utopie:

Deutschland im Jahre 2015. Die demographische Entwicklung zeigt eine zunehmende Alterung der Gesellschaft. Menschen in den »besten Jahren« sind umworbene Konsumenten.

> **Längst redet keiner mehr von der werberelevanten Zielgruppe der 14- bis 49-Jährigen. Kein Wunder: Die Alten haben die Kohle.**

Lebensversicherungen wurden ausbezahlt, Betriebsrenten erhöhten das Polster, Aktien brachten Mördergewinne. Besonders das Bundesland Sachsen hat erkannt, dass es sich lohnt, Alte ins Land zu locken.

Es lockt mit Zuschüssen bei Haus- und Wohnungskauf, und nach wenigen Jahren ist beinahe das ganze Land in der Hand agiler Mittfünfziger und rüstiger Rentner. Die gründen die Partei »Alte Schweden«, stellen schließlich sogar den Ministerpräsidenten, und der ändert mit seiner Mehrheit im Landtag als erste Amtshandlung den Namen des Bundeslandes. Statt Sachsen heißt das Land jetzt SACKSEN.

Und SACKSEN ist ein Mekka für alte Säcke. Jüngere müssen das Land nicht verlassen, arbeiten aber hauptsächlich im Dienstleistungssektor (Massagen, Medizin, Kellnern, Fußpflege, Essen auf Rädern) und versuchen, den Ü-Fiftys zu gefallen. Denn nur dann fällt Trink-

geld ab. Der öffentlich-rechtliche Sender »Radio Methusalem« spielt vor allem Rock und Pop aus den 70ern, Deep Purple, Ten Years After, Grand Funk Railroad, Yes, Led Zeppelin – Sie wissen schon, all das, was die Kids heute nicht mehr zu schätzen wissen, was uns aber seinerzeit im Partykeller mit Lichtorgel und Flokati elektrisiert hat.

Der Jugendwahn hat in SACKSEN endgültig ein Ende gefunden.

»Alt ist geil« heißt das Motto – und das im besten Sinne des Wortes. Orgien mit gereiften Teilnehmern gehören auf Regierungsebene zum Festalltag. Jüngere Menschen versuchen, in SACKSEN möglichst schnell älter zu werden. Wie die ägyptischen Mumienbetrüger, die Tierkadaver und Vasen eingraben, um sie wie archäologische Fundstücke aussehen zu lassen, versuchen sich die Youngsters mithilfe von zu viel Sonne, Alkohol und Schlafentzug künstlich auf »älter« zu trimmen. Hoch spezialisierte Kosmetikstudios bieten »Verälterungs-Sitzungen« an: eine Stunde »Runzelrüben-Behandlung« für 100 Euro. Junge Leute lassen sich bei der »Oldiküre« mit speziellen Geräten »falten«, um älter zu wirken.
SACKSEN wird: das Modell Deutschland!

Sackstarke Sache, das!

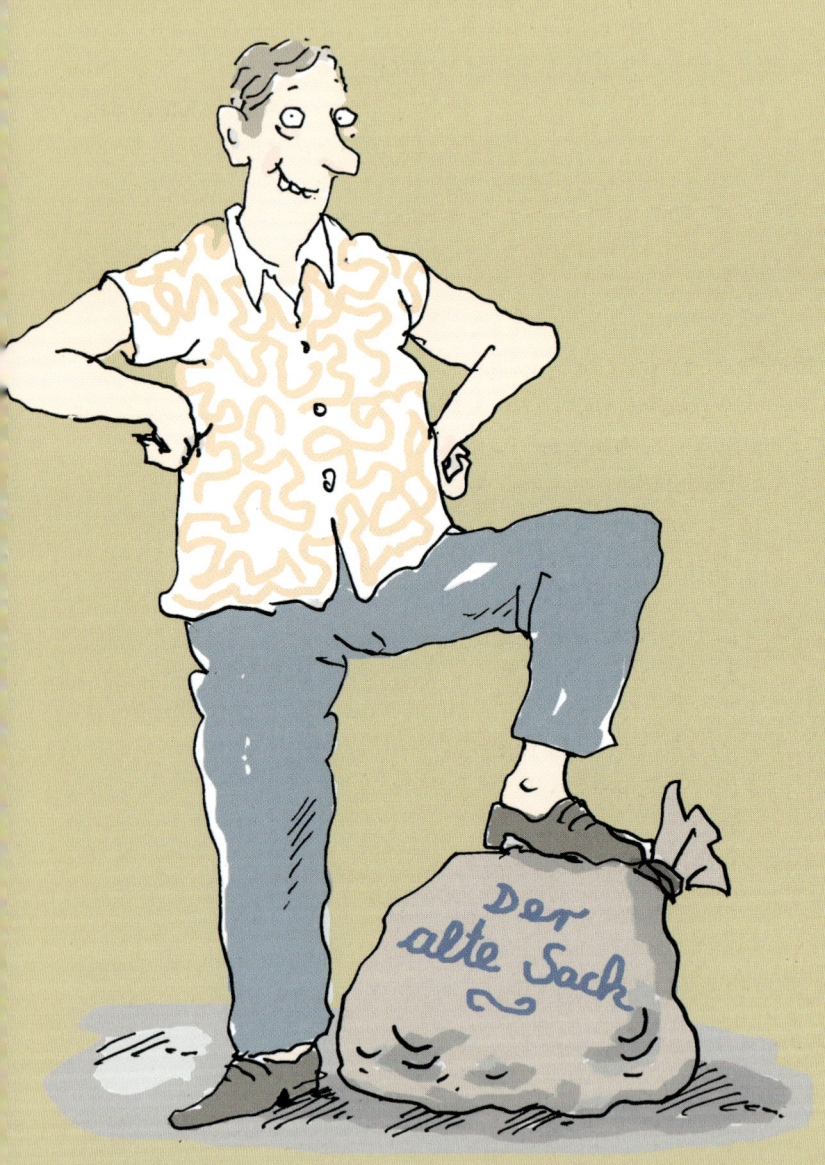

Der Survival-Guide
für die Lebensmitte

Der Mann in den besten Jahren – ein alter Sack. Kester Schlenz macht allen Leidensgenossen Mut, denn in seinem Survivalguide für die Lebensmitte lässt er kein Thema aus, z. B.: Sex im Mittel-Alter, Fitness-Probleme oder Tränensäcke.

224 Seiten
ISBN 978-3-442-17233-7
auch als E-Book erhältlich

www.goldmann-verlag.de
www.facebook.com/goldmannverlag

GOLDMANN
Lesen erleben